Diplom-Volkswirt Peter Collier
Diplom-Sozialwirtin Erika Kuhn

Geprüfter
Marketing-
Fachkaufmann/frau
werden!

Anleitung für eine erfolgreiche Prüfung vor der IHK

2., vollkommen überarbeitete Auflage

weConsult - Verlag

Peter Collier ist Geschäftsführer der Akademie für Handelsverbände des Hauptverbandes des Deutschen Einzelhandels sowie Lehrbeauftragter der Universität Würzburg und verschiedener Akademien. Erika Kuhn ist Dozentin für Marketing und Persönlichkeitsentwicklung. Beide Verfasser sind langjährige Seminarleiter kaufmännischer Weiterbildungslehrgänge, Autoren von Fachbüchern und Mitglieder in Prüfungsausschüssen der Industrie- und Handelskammern.

Umschlaggestaltung: Anita Schreiner, Würzburg
weConsult – Verlag, Bibrastr. 3, 97070 Würzburg
2. vollkommen überarbeitete Auflage
Bestellungen an: weConsult - Verlag, Postfach 11 05 36, 97032 Würzburg, Fax: 0931/17 127, E-Mail *lbe-unterfranken@lbe.de* oder über jede Buchhandlung
ISBN 978-3-00-027619-4

Statt eines Vorworts...

Sie wollen Geprüfter Fachkaufmann/frau für Marketing werden? Herzlichen Glückwunsch! Ja, wir möchten Ihnen viel Glück wünschen, denn wir sind sicher, dass Sie einen guten und richtigen Entschluss gefasst haben.

Aber Glück, das hat auch in diesem Falle nur der Tüchtige. Derjenige also, der - um einen Abstecher zu Goethe zu machen - immer strebend sich bemüht. Und dabei möchten wir Ihnen helfen.

Immer wieder stellten wir in unserer Praxis als Dozenten und Prüfer fest, dass die Seminarteilnehmer nach einer Arbeitshilfe suchen, mit der sie sich konzentriert auf die Anforderungen der Prüfung einstellen können. Im Jahre 2005 haben wir deshalb die erste Auflage dieses Buches herausgebracht. Sie wurde nun vollkommen überarbeitet, so dass der Aufbau des Buches der Rechtsverordnung des Bundes und dem DIHK-Rahmenstoffplan entspricht.

Herrn Betriebsw. (BA) Volker Wedde danken wir herzlich für das Beispiel einer Präsentation sowie für vielfältige Hilfen bei der Erstellung dieser Anleitung.

Wir hoffen, das Buch hilft Ihnen, erfolgreicher zu werden. Nehmen Sie es als Anregung, nehmen Sie es aber bitte nicht als Ersatz für das Lernen mit Manuskripten oder mit Lehrbüchern. Und wenn Sie uns gelegentlich sagen, ob es Ihnen genutzt hat, oder wenn Sie uns Verbesserungsvorschläge machen, freuen wir uns.

Würzburg, im Mai 2009   Erika Kuhn   Peter Collier

Inhaltsverzeichnis

1 ÜBER STUDIENGANG UND PRÜFUNG

1.1 Ziel des Studiengangs Geprüfter Fachkaufmann für Marketing/Geprüfte Fachkauffrau für Marketing

Der Geprüfte Fachkaufmann für Marketing besitzt die Kompetenzen, um für das Unternehmen Veränderungen und Chancen auf nationalen und internationalen Märkten eigenständig erkennen und Marketingmaßnahmen verantwortlich planen, beurteilen und umsetzen zu können.

So beschreibt die Rechtsverordnung vom 28. März 2006 die Ziele dieses Studiengangs. Diese Rechtsverordnung hat die früheren Prüfungsordnungen der Industrie- und Handelskammern ersetzt und gilt jetzt also bundesweit. Sie macht deutlich: Reines Aneignen von Lernwissen reicht nicht aus. Vielmehr kommt es darauf an, die Zusammenhänge zwischen den einzelnen Gebieten zu erkennen. Auch die Aufgabenstellungen orientieren sich immer stärker an praktischen Fällen – und die erfordern nun einmal, dass der Kaufmann auch nach links und rechts schaut und nicht mit Tunnelblick nur in Frage- und Antwortkategorien denkt. Berücksichtigen Sie: Ihre Bewährung als Fachkaufmann für Marketing kommt eigentlich erst nach der Prüfung. Dann nämlich, wenn Sie in Ihrem Unternehmen zeigen sollen, dass Sie mehr als nur das abrufbare Wissen gespeichert haben. Wichtiger als Einzelwissen ist deshalb die Fähigkeit, systematisch Probleme analysieren zu können und Lösungen zu finden.

1.2 Die Prüfungsordnung – und was dahinter steckt

Die Rechtsverordnung legt als Voraussetzung für die Zulassung zur Prüfung fest, dass der Teilnehmer eine anerkannte dreijährige kaufmännische oder verwaltende Ausbildung bestanden haben und anschließend zwei Jahre Praxis absolviert haben muss. Wer die erste Voraussetzung nicht erfüllt, kann auch nach einer anderen Ausbildung und dreijähriger Berufspraxis zugelassen werden. Und wer gar keine Ausbildung abgelegt hat, kann dies durch eine mindestens fünfjährige Berufspraxis ausgleichen. Die Praxis muss dabei in absatzwirtschaftlichen Tätigkeiten erworben werden. Diese Voraussetzung muss bis zum Zeitpunkt der Prüfung erfüllt sein - nicht bis zum Beginn eines Studiums.

Damit ist der Abschluss Fachkaufmann für Marketing auch demjenigen möglich, der ursprünglich nicht aus dem Marketing kommt oder der ohne Ausbildung in das Marketing hineinwächst. In diesem Falle erwirbt der Marketingfachkaufmann mit dieser Prüfung zugleich auch die fachliche Eignung im Sinne des Berufsbildungsgesetzes. Er ist dann also zur Ausbildung berechtigt, sofern er auch die Prüfung zur Ausbildereignung (AdA) abgelegt hat.

1.3 Wie bereitet man sich am besten auf die Prüfung vor?

Das Thema allein gibt Stoff für ein ganzes Lehrbuch. Wer hier tiefer einsteigen möchte, dem sei die einschlägige Literatur empfohlen. An dieser Stelle wollen wir uns deshalb auf einige wenige Bemerkungen beschränken.

Verstehen Sie die Studienfächer als Teil des Ganzen!
In der Praxis hängen die verschiedenen Fächer, die in Studiengängen getrennt behandelt werden, eng zusammen. Ein Beispiel: Der junge Kaufmann, der sich selbständig machen will, muss zugleich Umsatz, Kosten, Ertrag, Personal, Beschaffung, Absatz, Finanzierung und viele weitere Größen kennen. Überlagert werden alle Entscheidungen noch von rechtlichen Normen.

So wäre es denn das Verkehrteste, wenn Sie ausgerechnet in einem Studiengang, der Sie zur Führungskraft im Marketing machen soll, nach dem Muster von Führerscheinprüfungen Frage für Frage büffeln. Stellen Sie sich auch darauf ein, dass eine Frage ganz anders formuliert sein kann, als Sie sie im Seminar gelernt haben. Suchen Sie nach dem Schlüsselwort, worauf es also bei einer Frage ankommt. Eine gute Methode ist es auch, einfach um ein Thema herum neue Fragen selbst zu formulieren. So schärfen Sie Ihren Geist auch für die Praxis. Gute Hilfsmittel hierfür sind auch Fallstudien und Gruppenarbeiten.

Lernen Sie auch das Wissen, das Ihnen nicht prüfungsrelevant scheint! Rhetorik zum Beispiel wird nicht geprüft. Aber eine Führungskraft, die nicht einmal die Grundregeln der Rhetorik beherrscht, fällt sehr schnell bei ihren eigenen Mitarbeitern durch. Im Mittelpunkt des Managementkreises steht die Kommunikation. Kommunikation hat mit reden zu tun. Wer die Sprache nicht beherrscht, beherrscht auch nicht das Denken. Und die Kommunikative Leistung schließlich ist auch die Präsentation, die jetzt die mündliche Prüfung ausmacht.

Lesen Sie in Ihrer Freizeit auch einmal ein gutes Buch - nicht nur Fachliteratur! Große Erzähler wie Thomas Mann, Siegfried Lenz oder Heinrich Böll helfen Ihnen, Ihren Wortschatz zu erweitern und die Sprache treffender zu gebrauchen.

Beginnen Sie früh mit dem Lernen! Sie werden dann merken, dass Sie dem Studiengang gut folgen können. In Seminaren stellen wir aber immer wieder fest, dass manch ein Teilnehmer die Chance zum aktiven Mitmachen in einem Seminar nicht nutzt und das Lernen auf die letzte Zeit verschiebt. Zwei Monate vor der Prüfung aber reicht es allenfalls zum sturen Büffeln! Vielleicht besteht solch ein Teilnehmer damit sogar die Prüfung. Nur - eine Führungskraft, die das Prädikat Fachkaufmann für Marketing auch verdient, ist er dann mit Sicherheit nicht.

Nutzen Sie die Testaufgaben in den Manuskripten! Sie bieten auch eine Hilfestellung für die Selbstüberprüfung, ob man den Inhalt verstanden hat. Beantworten Sie sie schriftlich und prüfen Sie danach Ihre Lösung nach dem Manuskript.

Bilden Sie Arbeitsgruppen mit Ihren Freunden und Studienkollegen!
Keiner weiß alles, aber jeder weiß irgend etwas. Solche Arbeitsgruppen sind ungefähr das Beste, was man zur Vorbereitung für eine Prüfung tun kann. Sprechen Sie den Prüfungsstoff dabei frei durch, formulieren Sie Inhalte mit eigenen Worten.

Fragen Sie, fragen Sie, fragen Sie!
Wie oft haben wir selbst schon vor Gruppen gestanden, die uns stundenlang treuherzig anschauten und gekonnt zustimmend nickten. Besser gesagt: Wie oft hätten wir schon stundenlang vor solchen Gruppen gestanden, wenn wir nicht von uns aus immer wieder Fragen in die Gruppen hineingetragen hätte. Doch: auch ein engagierter Dozent kann mit seinen Fragen immer nur einen kleinen Teil der Gruppe packen. Die Mehrzahl bleibt außen vor, geniert sich und hofft, den Stoff vielleicht hinterher irgendwann zu verstehen! Sie müssen für diesen Studiengang eine Menge Geld zahlen. Sie haben ein Recht, jede Frage zu stellen. Haben Sie Mut. Sie werden feststellen, dass Ihre Frage ein Echo in der Gruppe findet, dass Studienkollegen hinterher zu erkennen geben, dass sie die gleiche Frage auf der Zunge gehabt haben - aber sich nicht trauten. Fragen zu beantworten ist eine der wichtigsten Aufgaben eines jeden Dozenten. Hierfür muss auch Zeit zur Verfügung stehen.

Sorgen Sie dafür, dass Sie vor einer Prüfung fit sind!
Damit meinen wir auch: Körperlich fit. Es genügt nicht, sich mit Wissen vollzustopfen. Es ist grundverkehrt, sich in der letzten Minute vor einer Prüfung noch Formeln einzupauken. Treiben Sie am Tag vor der Prüfung Sport, joggen, schwimmen oder faulenzen Sie einfach. Sorgen Sie für ausreichenden Schlaf, denn in guter körperlicher Verfassung die Prüfung zu beginnen, ist wichtiger, als am Tag zuvor acht Stunden zu pauken!

Und: *Nehmen Sie Nervosität und Aufregung als normal hin!*
Jeder gute Künstler hat vor einer Aufführung Lampenfieber. Nicht einmal ein Profi geht ohne Aufregung an den Start. Ein bisschen Aufregung tut auch ganz gut. Machen Sie sich nicht zusätzlich dadurch nervös, dass Sie meinen, Sie müssten nun ganz ruhig sein. Das kann kein Mensch, der eine Höchstleistung vollbringen soll. Und eine solche wollen Sie ja vollbringen. Darauf haben Sie viele Monate hingearbeitet.

Nicht ganz unwichtig: Die Formalien...
Vor der Prüfung nicht vergessen: Die Anmeldung bei der IHK! Eigentlich ist diese Aufforderung total überflüssig. Denn natürlich denken Sie ja daran, Ihre Anmeldung rechtzeitig und vollständig bei der IHK abzugeben. Oder? Nun soll es aber tatsächlich vorgekommen sein, dass selbst gestandene Männer und erfahrene junge Frauen darauf gebaut haben, der liebe Gott (oder der Lehrgangsträger) werde das schon richten. Er tut es nicht!

Fügen Sie auch sämtliche Unterlagen bei, die Ihre Berechtigung für die Prüfungszulassung nachweisen, also kaufmännisches Abschlusszeugnis und Tätigkeitsbescheinigungen.

Die Prüfungsaufgaben werden heute von Fachausschüssen des DIHK für alle Industrie- und Handelskammern erarbeitet.

1.4 Der Ablauf der schriftlichen Prüfung

Die schriftliche Prüfung ist Kernbereich der gesamten Abschlussprüfung. Vier der fünf Handlungsbereiche werden schriftlich geprüft, lediglich der Handlungsbereich „Präsentation, Moderation und fachliche Führung von Marketingprojekten" mündlich.

Marketingfachkaufmann / -frau werden

Dies sind die Prüfungsfächer:

Projekt- und Produktmanagement im Marketing / Anwendung der Marketinginstrumente (270 Minuten)

Die beiden Bereiche werden zusammen in einer Fallstudie geprüft. Dabei werden Sie mit diesen Teilgebieten konfrontiert:

- strategisches und operatives Marketing
- Marketingorganisation
- Marketingkoordination und –steuerung
- Controlling und Qualitätssicherung im Marketing
- Spezielle Marketingformen
- Produktpolitik
- Kontrahierungspolitik
- Distributionspolitik
- Kommunikationspolitik
- Wechselwirkung im Marketing Mix

Marktforschung und Marketingstatistik (120 Minuten)

Hierzu gehören diese Inhalte:

- Marktforschung als Marketingfunktion anwenden
- Sekundärforschung (desk research)
- Primärforschung (field research)
- Marketingstatistik
- Marktforschungsbereiche integrieren
- Marktforschungsprojekte

Rechtliche Aspekte im Marketing (60 Minuten)

Hierzu gehören:

- Das bürgerliche Recht in der Marketingpraxis
- Das Wettbewerbsrecht und der gewerbliche Rechtsschutz
- Das Handels- und Gesellschaftsrecht
- Das Arbeits- und Betriebsverfassungsrecht

14

- Rechtliche Aspekte bei internationalen Wirtschaftsbeziehungen und bei der Nutzung des Internet

Die oben genannten Zeitvorgaben sind Sollvorgaben des Gesetzgebers.

Apropos Punkte - Sie wollen ja nicht umsonst arbeiten! *Ein Tip:* Lesen Sie sich eine Frage lieber zweimal durch! Sie glauben gar nicht, wie oft z.B. das Wörtchen "nicht" überlesen wird!

Wir möchten an dieser Stelle nicht auf alle Details der Rechtsverordnung eingehen, die inzwischen wie alle Gesetze auch ganz schön kompliziert geworden ist. Deshalb nur noch ein Hinweis: Falls Sie in den letzten fünf Jahren eine anerkannte Prüfung mit ähnlichen Inhalten abgelegt haben, dann kann Ihnen unter Umständen diese Prüfung angerechnet werden. Die Verordnung finden Sie im übrigen auch in diesem Buch vollständig abgedruckt.

Vor der Prüfung nicht vergessen: Die Anmeldung bei der IHK! Eigentlich ist diese Aufforderung total überflüssig. Denn natürlich denken Sie ja daran, Ihre Anmeldung rechtzeitig und vollständig bei der IHK abzugeben. Oder? Nun soll es aber tatsächlich vorgekommen sein, dass selbst gestandene Männer und erfahrene junge Frauen darauf gebaut haben, der liebe Gott (oder der Studienträger) werde das schon richten. - Er tut es nicht!
Fügen Sie auch sämtliche Unterlagen bei, die Ihre Berechtigung für die Prüfungszulassung nachweisen, also das kaufmännische Abschlusszeugnis und Tätigkeitsbescheinigungen.

Für die schriftliche Prüfung stellt der *Deutsche Industrie- und Handelskammertag* (DIHK) bundeseinheitliche Prüfungsaufgaben zusammen. Erwarten Sie bitte nicht, dass die Abschlussprüfung lediglich Definitionen und enges Faktenwissen von Ihnen fordert. Das wäre wohl auch ein bisschen zu billig. Die Prüfungsfragen sind durchweg handlungsorientiert gestellt. Die sogenannten Multiple-Choice-Fragen haben die Kammern aus gutem Grund bereits vor Jahren aus den Erwachsenenprüfungen gestrichen: Von Ihnen als angehender Führungskraft wird verlangt, dass Sie mit eigenen Worten Zusammenhänge erläutern und Antworten auch begründen können. **Bitte vergessen Sie das Begründen nicht.** Uns sind schon manche Fälle untergekommen, wo ein angehender Handelsfachwirt zwar zu einer ganz anderen als der verlangten Lösung kam. Er hatte diese Lösung dann aber so gut und konsequent begründet, dass es zumindest einen Teil der für die Aufgabe ausgesetzten Punkte gab.

Gelegentlich kann eine Frage lauten:
"**Nennen Sie** drei innerbetriebliche Datenquellen der Sekundärforschung".
Dann reicht es, wenn Sie schreiben:
"Absatzstatistik, Umsatzstatistik, Berichte von Außendienstmitarbeitern"
Wird dagegen gefragt: "**Erklären Sie** ...", dann werfen Sie bitte dem Prüfer nicht nur einzelne Brocken hin! In der Regel werden Sie heute kleine Fälle bekommen, für die sie entsprechende Lösungen zu erarbeiten haben. Da wird zumeist die Erklärung im Vordergrund stehen.

Und dann gibt es noch die schönen Fragen aus dem Recht, die etwa so lauten: "Ist der Kaufvertrag nichtig?" Muss noch gesagt werden, dass hier von Ihnen mehr als ein "Ja" oder "Nein" erwartet wird?

Lassen Sie sich auch immer eine Zeitreserve, um nach der Beantwortung der Fragen die Antworten noch einmal zu überprüfen. Wir empfehlen hier rund 20 % der gesamten Zeit. Bei der Fallstudie sollten Sie sich also eine Reserve von ca. einer halben Stunde lassen.

Was tun, wenn Ihnen eine Antwort partout nicht einfällt? Es gibt ein ebenso einfaches wie uraltes Rezept: Erst einmal weitermachen! Erledigen Sie erst die Aufgaben, die Ihnen leicht fallen. Damit haben Sie nicht nur Punkte gesammelt, Sie haben gleichzeitig Erfolgserlebnisse, und die helfen Ihnen

16

dann auch, die schweren Brocken zu bewältigen. Sie wissen ja, wie das ist: Wenn man sich um eine Aufgabe müht und müht, wenn man sich daran festbeißt und das Gehirn zermartert, ist man nachher kaum noch imstande, leichte Aufgaben zu lösen. Ist man aber erst so richtig in Schwung, dann fallen auch die schwereren Aufgaben ein ganzes Stück leichter! Warum wollen Sie das nicht nutzen?

Und wenn Ihnen dann immer noch nichts einfällt? Dann lassen Sie halt die Frage liegen. Lieber 5 Punkte bei einer Frage verschenken als 20 bei den anderen Fragen, zu denen Sie vielleicht wegen falscher Zeiteinteilung nicht mehr kommen!

Was tun, wenn Ihnen die Fragestellung nicht klar ist? Der Ausschuss, der die Fragen entwickelt hat, hat sich zwar alle Mühe gegeben - und doch kann es immer wieder einmal vorkommen, dass Missverständnisse entstehen. Da fragen Sie am besten zunächst die Aufsicht. Bekommen Sie dort keine zufriedenstellende Antwort, dann scheuen Sie sich nicht, eine Fragestellung selbst zu interpretieren: Nehmen wir einmal an, es sei in einer Frage aus dem Fach Statistik nach dem arithmetischen Mittel gefragt. Nichts weiter. Dann werden Sie sinnvollerweise als Antwort schreiben:

"Das gewogene arithmetische Mittel wird wie folgt berechnet: ..."
oder: "Das einfache arithmetische Mittel wird wie folgt berechnet: ...".

Übrigens noch ein Hinweis eines geplagten Prüfers: Versuchen Sie, die Schrift als Verständigungsmittel zu nutzen! Der Prüfer ist zwar verpflichtet, Ihre Schrift zu lesen. Aber wenn Sie allzu unleserlich ist, geht vielleicht der eine oder andere wichtige Gedanke unter.

1.5 Die mündliche Ergänzungsprüfung

Sollten Sie in einer der schriftlichen Prüfungsarbeiten ein „Mangelhaft" haben, dann können Sie in diesem Fach eine mündliche Ergänzungsprüfung ablegen. Schriftliche und mündliche Leistung werden dann zu einer Note zusammengefasst, wobei die schriftliche Leistung doppelt gewichtet wird. War es dagegen ein Ungenügend, dann gilt die Prüfung als nicht bestanden.

1. 6 Die mündliche Prüfung (Präsentation)

Für den mündlichen Prüfungsteil „Präsentation, Moderation und fachliche Führung von Marketingprojekten" müssen Sie sich auf folgende Inhalte vorbereiten:

- entscheidungsorientierte Präsentation einer Marketingstrategie und Beratung des Managements
- zielorientierte Moderation und Kommunikation bei der Umsetzung der Marketingstrategien, einschließlich im internationalen Marketing
- Führungsgrundsätze bei der fachlichen Leitung eines Marketingprojektes, im Besonderen im Konfliktmanagement zielorientiert anwenden.

Entscheidungsorientiert bedeutet also, dass Sie nicht einfach irgendetwas erläutern oder beschreiben (berühmt ist bei bestimmten Prüfungen das Ausfüllen eines Schecks!), sondern dass Sie z.B. eine Werbestrategie entwickeln mit dem Ziel, dass Ihr Adressat schließlich diese Strategie auch akzeptiert! Es reicht also auch nicht aus, wenn Sie schildern, wie etwas in Ihrem Unternehmen abläuft. Sie sollen vielmehr zeigen, dass Sie in der Lage sind, ein bestimmtes Gremium in Marketingfragen sachkundig zu beraten. An die 15-minütige Präsentation schließt sich dann ein ebenso langes Fachgespräch, ausgehend von der Präsentation, an.

Die Rechtsverordnung gibt vor, dass Ihnen vom Ausschuss eine Situationsaufgabe vorgegeben wird. Dann haben Sie 30 Minuten Zeit, Ihre Präsentation vorzubereiten. Dies ist nicht viel, und deshalb werden Sie kaum großartige Charts vorbereiten können.

- Entwickeln Sie zunächst Ihr Rohkonzept

18

- Skizzieren Sie einige wenige Gedanken auf einem Flipchart oder auf einigen leeren Folien, die Sie sich mitsamt Stiften mitnehmen
- Eine Powerpoint-Präsentation werden sich wohl nur sehr Mutige zutrauen, weil sie doch viel Zeit benötigt. Wenn Sie damit arbeiten, beherzigen Sie bitte diese Grundsätze:
- Mindestens 30-Punkt Schriftgröße!
- Nur einen Gedanken auf ein Chart schreiben!

Weitere Anregungen finden Sie im Kapitel 4. „Präsentation".

1.6   Das Ergebnis der Gesamtprüfung

Die Gesamtprüfung ist dann bestanden, wenn in jedem Prüfungsfach eine mindestens ausreichende Leistung erzielt wurde. Die harte Konsequenz: Haben Sie auch nur in einem Prüfungsfach keine ausreichende Note erzielt, so gilt zunächst einmal die gesamte Prüfung als nicht bestanden. Mehr als ein Trostpflaster ist dann allerdings diese Regelung der Rechtsverordnung: Danach kann eine Prüfung nicht nur zweimal wiederholt werden, wenn sie nicht bestanden wurde. Sie können auch beantragen, dass Ihnen bestimmte Prüfungsleistungen bei der Wiederholungsprüfung anerkannt werden. Haben Sie also in einem Prüfungsfach ein "gut", in einem ein "befriedigend", in einem ein "ausreichend" und in einem Fach ein "mangelhaft", so könnten Sie sich bei der Wiederholungsprüfung entweder alle mindestens ausreichenden Fächer anrechnen lassen oder aber nur diejenigen, in denen Sie mindestens "befriedigend" erreicht haben. Und so kann dann das Zeugnis des Wiederholers, der sich ja nur noch auf wenige Fächer vorzubereiten hat, im Endzustand besser aussehen als das eines anderen Teilnehmers, der zwar im ersten Anlauf bestanden hat, aber in mehreren Fächern nur mit der Note "ausreichend".

1.7   Und was kommt danach?

Eine der erfreulichsten Fragen, die am Ende eines Studiums auftauchen, ist die nach Möglichkeiten einer darauf aufbauenden Fortbildung! Wir möchten diese Begeisterung deshalb keinesfalls mindern. Und doch: Das Wichtigste, was Sie zunächst anstreben sollten, ist die Umsetzung Ihres neu erworbenen Wissens in die Praxis. Der Fachkaufmann für Marketing ist keine Durchgangsstation zum Hochschulabschluss. Er ist ein Abschluss eigener Art. Mit ihm sind Sie in der Lage, die auf Sie in der mittleren Führungsebene zukommenden Probleme zu meistern. Also richten Sie Ihr Augenmerk vor allem darauf, in der Praxis des Alltags zu zeigen, dass Sie mehr gelernt haben als das Gros Ihrer Altersstufe.

Schließlich soll auch die Fortbildung zum Betriebswirt nicht unerwähnt bleiben. Hier aber gilt Vorsicht! Denn der Begriff Betriebswirt ist nicht geschützt, und unter dem offenbar lukrativen Titel tummelt sich mancherlei, was wenig empfehlenswert ist. Neben dem FH-Studium oder dem Betriebswirt VWA (Verwaltungs- und Wirtschaftsakademie) ist der Betriebswirt IHK zu empfehlen. Diese Auflistung "anerkannter Betriebswirte" erhebt keinen Anspruch auf Vollständigkeit. Prüfen Sie aber in jedem Falle, ob Sie eine zusätzliche Fortbildung noch weiterbringt. Eine Pause ist hier im allgemeinen angezeigt. Die sollten Sie sich auch gönnen - nach dem Prüfungserfolg, den wir Ihnen von Herzen wünschen!

Die berufliche Fortbildung hat in den letzten Jahren erfreulicherweise auch in der Politik eine Aufwertung erfahren. Das hat sich auch darin niedergeschlagen, daß mit dem Bestehen einer Meisterprüfung auch die Erlangung der Hochschulreife verbunden sein kann. Das heißt, daß auch einem Handelsfachwirt in Zukunft die Tür zur Hochschule offenstehen kann. Da die Hochschulen Ländersache sind, kann es hier Abweichungen geben. In Bayern ist beispielsweise vorgesehen, einem Marketingfachkaufmann den fachgebundene Fachhochschulzugang zu öffnen.

Wegen der einzelnen damit verbundenen Möglichkeiten sprechen Sie am besten mit der zuständigen Industrie- und Handelskammer. Auch Ihr Seminarträger wird Ihnen hierzu etwas sagen können.

20

PS: Dieses Buch soll sich möglichst leicht lesen lassen – bei aller Schwere des Stoffes! Deshalb haben wir bewusst oftmals die alte Rechtschreibung beibehalten und auf geschlechtsspezifische Bezeichnungen verzichtet. Wenn wir also vom „Leser" sprechen, möge sich bitte auch die Leserin angesprochen fühlen und beim „Geschäftsführer" sind wir uns ebenso bewusst, dass dies eine Dame sein kann wie auch beim „Bundeskanzler" (der aber in diesem Buch nicht vorkommt)!

Marketingfachkaufmann / -frau werden

2 AUFGABEN AUS DEN HANDLUNGSGBEREICHEN

- Fallstudien: Projekt- und Produktmanagement im Marketing/ Anwendung der Marketinginstrumente
- Marktforschung und Marketingstatistik
- Rechtliche Aspekte im Marketing
- Anleitung für eine erfolgreiche Präsentation – Handlungsbereich Präsentation, Moderation und fachliche Führung von Marketingprojekten

Vorab eine Bemerkung:

Die folgenden Musterfragen **sollen und können nicht das systematische Auf- und Nacharbeiten des Stoffs ersetzen**. Nehmen Sie also, bevor Sie die Aufgaben erarbeiten, Ihre Manuskripte zur Hand. Und erwarten Sie - bitte schön - nicht, dass nun tatsächlich der DIHK – Fachausschuss diese Aufgaben wörtlich übernimmt! Wenn Sie aber nicht nur die Fragen und Antworten wörtlich büffeln, sondern sich auch mit dem „Wie" und „Warum" befassen, werden Sie von diesem Buch profitieren können.

Sie finden im Folgenden zwei ausführliche Fallstudien, für die zwei folgenden Handlungsbereiche je vier verschiedene Aufgabensätze, die genauso aufgebaut sind wie ein Prüfungssatz. Sie sollen Ihnen dabei helfen, die Methodik zur Lösung zu finden.
Für die Präsentation finden Sie eine Anleitung und ein praktisches Beispiel.
Die Lösungen zu den Aufgaben finden Sie im hinteren Teil des Buches. Dies soll Sie anregen, **zunächst die Lösungen selbst zu suchen** und erst später zum Vergleich nachzuschlagen.

Marketingfachkaufmann / -frau werden

2.1 Projekt- und Produktmanagement im Marketing/ Anwendung der Marketinginstrumente

Fallstudie I

Ein führender Markenartikelhersteller auf dem Lebensmittelsektor verfügt über ein Produktionsprogramm, das die Veredelung von Fetten sowie die Herstellung von Fleisch- und Wurstwaren, Käse, Speiseeis und Tiefkühlkost, Suppen, Getränkekonzentraten und Konfitüren umfasst.

Der Vertrieb in der Bundesrepublik erfolgt über fünf Gebietsverkaufsdirektionen, denen 24 Bezirksverkaufsleitungen unterstellt sind. Jede der Bezirksverkaufsleitungen bearbeitet mit einem Stab von etwa 20 Reisenden den Lebensmitteleinzelhandel. Die Betreuung des Großhandels erfolgt direkt durch das Management des Bezirksverkaufs.

Der scharfe Wettbewerb im Lebensmitteleinzelhandel und die sich rasch ändernden Verbraucherbedürfnisse zwingen die Anbieter, ihr Angebotsprogramm ständig zu erneuern und durch neue Produkte zu erweitern. Es ist die Aufgabe des Marketingbereichs, in Zusammenarbeit mit der Marktforschung, der Forschung und Entwicklung, der Werbung und Verkaufsförderung sowie externen Instituten eine stetige Entwicklung neuer Produkte (durch Koordination des Innovationsprozesses von der Ideensuche bis zur Markteinführung) zu gewährleisten.

Im Rahmen eines solchen Produktentwicklungsprojekts wurde eine Produktfamilie „**Greif Zu**" entwickelt, die wie folgt charakterisiert werden kann:

Produktmerkmale

Kalorienarme Lebensmittel, die sich in Aussehen und Geschmack möglichst wenig von normalen Lebensmitteln unterscheiden, aber alle lebensnotwendigen Nähr- und Wirkstoffe enthalten.

Produktnutzen

Anders als bei den auf kurzfristige Schlankmacherwirkung angelegten Produkten, soll die langfristige Kalorieneinsparung gegeben sein. Der Verbraucher soll logisch verstehen, daß er langfristig abnehmen kann, ohne die Freude am Essen zu verlieren oder seine Verzehrgewohnheiten ändern zu müssen.

Zielgruppe

Zur Zielgruppe gehören alle die – ansonsten gesunden – Personen, die an Übergewicht leiden oder die ihr Gewicht halten wollen. Überdurchschnittlich ist der Wunsch, schlank zu sein, ausgeprägt bei Frauen im Alter von 25 bis 30 Jahren, die in mittleren oder großen Städten leben und über ein überdurchschnittliches Haushaltseinkommen verfügen können.

Produktprogramm

Es sollen zunächst 20 Produkte auf einem Testmarkt in zwei Großstädten getestet werden. Hierbei handelt es sich um drei Wurstsorten, zwei Käsesorten, drei Sorten Konfitüre, zwei Saftgetränke, zwei Dosensuppen, drei Fertiggerichte, zwei Obstkonserven, zwei Puddings und eine Halbfettmargarine.

Preispolitik

Das Preisniveau soll aufgrund des Zusatznutzen über dem von Lebensmitteln mit normalem Kaloriengehalt liegen.

Distribution

Die Distribution soll durch die eigene Verkaufsorganisation ausschließlich über den Lebensmitteleinzelhandel erfolgen. Man will sich auch auf diese Weise von den üblichen Schlankheitsprodukten, die zum Teil über Apotheken, Reformhäuser und Drogerien vertrieben werden, abheben.

Aufgaben zur Fallstudie

1. Produktpolitik

Der Prozess der Produktinnovation durchläuft – von Wirtschaftlichkeitsberechnungen auf verschiedenen Stufen begleitet – die folgenden Phasen:

- Ideensuche
- Ideenbewertung
- Produktentwicklung
- Markttest
- Markteinführung

1.1 Beschreiben Sie drei Vorgehensweisen/Techniken der Ideenfindung, die das Unternehmen eingesetzt haben könnte, um zur Produktidee „kalorienarme Nahrungsmittel" zu gelangen. (Die Beschreibungen sollten sowohl systematisch-logische, als auch kreative Ideenfindungstechniken umfassen)

1.2 Vorausgesetzt, die Ergebnisse des Markttests verlaufen positiv und das Unternehmen führt das Produkt auf dem Markt ein, stehen im Verlauf des Produktlebenszyklus verschiedene produktpolitische Entscheidungen zur Auswahl. Erläutern Sie die Begriffe Produktvariation, Produktdifferenzierung, Produktdiversifikation und Produktelimination. Nehmen Sie hierbei Bezug auf o.g. Fall.

1.3 Vor einer Produktelimination müssen Sie die einzelnen Produkte Ihres Programms beurteilen. Nach welchen Kriterien sollte die Eliminierung von Produkten entschieden werden? Welche Argumente könnten dennoch gegen die kurzfristige Herausnahme „eliminierungsreifer" Produkte aus dem Angebotsprogramm sprechen?

1.4. Mit Hilfe der Marktsegmentierung versucht man Verbrauchergruppen mit gleichartigen Bedürfnissen durch ein speziell auf sie ausgerichtetes Marketing-Mix optimal zu befriedigen. Diese Forderung nach einer immer bedürfnisgerechteren Betriedigung der Verbraucherwünsche auf den einzelnen nationalen Märkten, scheint der in den letzten Jahren erhobenen Forderung nach einer Globalisierung der Märkte (Global Marketing) zu widersprechen. Diskutieren Sie diese beiden Standpunkte!

1.5 Nennen Sie die Kriterien, die einen Markenartikel auszeichnen!

2. Preispolitik

2.1 Bei der Preisbildung kann man zwar auf kostenrechnerische Überlegungen nicht verzichten, jedoch hat sich die Preisbildung in erster Linie am Markt – genauer an den potentiellen Nachfragern – zu orientieren. Welche Kriterien der nachfrageorientierten Preispolitik sollten berücksichtigt werden? Erläutern Sie das Konzept der Preisführerschaft und nennen Sie zwei Formen!

2.2 Nennen Sie fünf Rabattarten, und erläutern Sie wofür diese Rabatte gewährt werden! Welche sind hier besonders anwendbar?

Distributionspolitik

3.1 Im Rahmen distributionspolitischer Entscheidungen werden auch die pull-Strategie und die push-Strategie diskutiert.

   3.1.1 Erläuten Sie beide Strategien

   3.1.2 Entscheiden Sie sich fallspezifisch für eine der Strategien und begründen Sie Ihre Entscheidung!

3.2 Kennzeichnen Sie das Franchise-System! Welche Argumente sprechen aus der Sicht des Franchise-Gebers und welche aus der Sicht des Franchise-Nehmers für dieses System? Nennen Sie je drei!

4. Kommunikationspolitik

Ihre Aufgabe ist es, ein kommunikationspolitisches Konzept zu erstellen, um die Einführung der Produktrange „Greif Zu" auf dem Testmarkt zu unterstützen.

4.1 Formulieren Sie Ziele, die Sie mit einer verbrauchergerichteten Werbung erreichen wollen. Begründen Sie Ihre Zielentscheidung!

4.2 Welche Forderungen sind allgemein an eine Werbebotschaft (an den Werbeinhalt) zu stellen? Welche Aussagen sollte die Werbebotschaft im Fall „Greif Zu" Ihrer Meinung nach enthalten?

4.3 Welche Werbemittel und welche Werbeträger (Medien) würden Sie einsetzen? (Bedenken Sie dabei, daß die neue Produktlinie zunächst auf dem Testmarkt eingesetzt wird).

4.4 Wann wäre Ihrer Meinung nach der ideale Zeitpunkt für die Einführung der Produktlinie? In welchen Jahreszeiten würden Sie verstärkt kommunikationspolitische Maßnahmen ergreifen? Begründen Sie Ihren Vorschlag!

4.5 Welche endverbrauchergerichteten Verkaufsförderungsmaßnahmen würden Sie empfehlen? Begründen Sie Ihren Vorschlag

4.6 Welche Verkaufsförderungsmittel würden Sie dem Handel zur Verfügung stellen?

4.7 Welche Maßnahmen aus dem Bereich der Öffentlichkeitsarbeit kämen für den Hersteller in Frage?

⇨ Antworten auf S. 73 ff.

Marketingfachkaufmann / -frau werden

Projekt- und Produktmanagement im Marketing/ Anwendung der Marketinginstrumente

Fallstudie II

Das mittelständische Großhandelsunternehmen Heinrich Kahl GmbH in Großrinderfeld bietet Produkte im Bereich der Gebäude- und Wohnhaustechnik an. Die Produktpalette umfasst Aluminium-Glas-Fassaden und Lichtdächer, Aluminiumfenster- u. Eingangstüren, Wintergärten, Brand- und Rauchschutztüranlagen und Sonnenschutzsysteme. Bezogen werden diese Artikel von führenden Markenartikelherstellern und werden über sechs Filialen ausschließlich an Gewerbetreibende der Bauwirtschaft (z.B. Architekten, Baumärkte und Handwerksbetriebe) vertrieben. In jeder Filiale sind vier bis sechs Innendienstmitarbeiter und ein Reisender beschäftigt.

Die Heinrich Kahl GmbH besitzt in der Region einen hohen Bekanntheitsgrad, gilt allerdings in der Branche als sehr konservativ. Dies schlägt sich in der Gestaltung des gesamten Marketing-Mix nieder. Vor allem die Sortimentspolitik und auch die Servicepolitik werden als wenig innovativ bezeichnet. Aufgrund der Seriosität des Unternehmens und der qualitativ hochwertigen Markenprodukte wird das eher höhere Preisniveau gerade noch akzeptiert.

Der Umsatz des Unternehmens betrug in den sehr guten Jahren 1995 bis 1997 pro Jahr ca. 25 Mio. Euro. Seit 1998 ist jedoch ein kontinuierlicher Rückgang zu beobachten, welcher bereits 2003 zu einem Verlust von 0,25 Mio. Euro geführt hat. Im Jahre 2004 wird sich voraussichtlich diese Zahl noch einmal erhöhen. Die Geschäftsleitung hat für dieses Geschäftsjahr den Finanzierungsrahmen sehr eng gesteckt.

Die Wettbewerbssituation ist dadurch gekennzeichnet, dass sich in den bearbeiteten Gebieten neben der Kahl GmbH ein international agierender Konzern mit Filialen etabliert hat, welcher im Bereich der Sonnenschutzsysteme mit günstigen Eigenmarken agiert.

Die bisherigen Marketing-Aktivitäten beziehen sich auf Kundenbesuche der Reisenden, die Teilnahme an regionalen Fachmessen und Imageanzeigen in der Fachpresse.

Damit spätestens im Jahre 2005 wieder ein positives Betriebsergebnis erreicht wird, beauftragt die Geschäftsleitung die deutsche Unternehmensberatung Dr. Thielmann & Partner mit einer Analyse dieser Entwicklung und der Erstellung eines Marketingkonzeptes.

Aufgaben zur Fallstudie

1. Strategiefindung
Das Verhalten von Unternehmen auf dem Markt sollte systematisch und zielorientiert sein. Den Verantwortlichen stehen unterschiedliche Marketingstrategien zur Verfügung. Die Unternehmensberatung schlägt der Fa. Heinrich Kahl Strategien aus dem Produkt-Markt-Bereich vor.
Erläutern Sie diese vier möglichen Strategien und entscheiden Sie sich fallspezifisch für drei Strategien aus diesem Bereich.

2. Produkt- und Sortimentspolitik
2.1 Die Vier-Felder-Portfolio-Analyse ergab folgende Matrix:

	niedrig	hoch
hoch	Aluminium-Glas-Fassaden, Lichtdächer	Aluminiumfenster und Eingangstüren
niedrig	Sonnenschutzsysteme	Brand- und Rauchschutztür-Anlagen

Markt-wachstum (vertikale Achse: hoch / niedrig)

niedrig　　　*Rel. Marktanteil*　　　hoch

Projekt- und Produktmanagement im Marketing/ Anwendung der Marketinginstrumente

2.1.1 Beschreiben Sie die Situation der Fa. Heinrich Kahl GmbH anhand des Portfolios.

2.1.2 Wählen Sie für jedes Feld eine geeignete Normstrategie aus.

2.1.3 Welche weiteren Instrumente, die bei der Analyse der strategischen Ausgangs-Position eingesetzt werden können, gibt es? Nennen Sie vier weitere Instrumente.

2.2　Die Unternehmensberatung Thielmann & Partner schlägt eine Elimination des Produktes „Sonnenschutzanlagen" vor.

2.2.1 Welche allgemeinen Gründe sprechen für eine Produktelimination? Unterscheiden Sie zwischen quantitativen und qualitativen Kriterien. Nennen Sie je vier!

2.2.2 Welche möglichen Risiken müssen bei der Produkteliminierung beachtet werden?

2.3　Eine Umfrage hat ergeben, dass die Kunden mit den Lieferbedingungen der Fa. Heinrich Kahl GmbH unzufrieden sind.

2.3.1　Welche Bereiche gehören zu den Lieferbedingungen?

2.3.2　Nennen Sie drei denkbare Maßnahmen die das Management durchführen könnte, um die Zufriedenheit der Kunden mit den Lieferbedingungen zu steigern.

2.3.3　Erläutern Sie kurz die Bedeutung der Lieferbedingungen als Marketinginstrument.

Distributionspolitik

3.1　Welche Probleme und Entwicklungstendenzen lassen sich allgemein beim Großhandel in Deutschland erkennen? Unterbreiten Sie zwei Vorschläge, wie die Fa. Kahl dieser Entwicklung begegnen könnte.

3.2　Wodurch unterscheiden sich Sortiments- und Spezialgroßhandel? Welcher Betriebsform ordnen Sie die Fa. Kahl zu?

3.3　Die Fa. Kahl steht vor der Entscheidung weitere Reisende oder einen Handelsvertreter im Außendienst einzusetzen. Sie will dies nicht nur unter Kostengesichtspunkten diskutieren, sondern auch qualitative Entscheidungskriterien mit berücksichtigen.

Erläutern Sie fünf qualitative Kriterien, welche für einen Reisenden und welche für einen Handelsvertreter sprechen.

3.4 Wie können Verkäufer im Außendienst entlohnt werden? Unterscheiden Sie verschiedene Möglichkeiten.

Kontrahierungspolitik

4.1 Die Unternehmensberatung diskutiert mit der Firmenleitungen über Anlässe, die eine Änderung der Preispolitik erfordern. Erläutern Sie vier grundsätzliche Überlegungen mit jeweils einem Beispiel.

4.2 Die eingeschlagene Hochpreisstrategie soll aufgrund der hochwertigen Markenprodukte beibehalten werden. Als Großhandelsunternehmen denkt die Fa. Kahl über eine erweiterte Rabattpolitik gegenüber seinen Abnehmern nach.

4.2.1 Erläutern Sie den Begriff der Rabattpolitik und welche Bedeutung sie im Rahmen des Marketings besitzt.

4.2.2 Welche Rabattarten kämen für die Fa. Kahl in Frage?

4.3 Den Mitarbeitern des Handelsunternehmens Kahl sind preispolitische Begriffe oft nicht bekannt. Aus diesem Grund sollen die folgenden Begriffe erläutert werden:

• Zahlungsbedingungen

• Valuta

• Zuschlagskalkulation

• Handelsspanne

4.4 Die Auftragslage und die Wettbewerbssituation zwingen die Fa. Kahl dazu, sich mit dem Thema der Preiselastizität der Nachfrage auseinander zusetzen.

4.4.1 Erläutern Sie den Begriff „Preiselastizität der Nachfrage".

4.4.2 Interpretieren Sie nachstehende Elastizitäten:

$e = 0$

$e = 1$

$e = <1$

$e = >1$

Kommunikationspolitik

5.1 Um mit der Werbung mehr Aufmerksamkeit bei der Zielgruppe zu erreichen, entscheiden Sie sich für den mehrstufigen Kommunikationspro-
zess. Stellen Sie diesen skizzenhaft dar und erläutern Sie den Kommu-
nikationsprozess fallspezifisch mit der Werbeformel nach Lasswell.

5.2 Die Fa. Kahl entscheidet sich, eine Werbeagentur mit dem Auftrag der
Planung und Durchführung des Werbeprojektes zu beauftragen. Hierzu soll ein Briefing erstellt werden, welches die Grundlage für die Entwicklung des Werbekonzeptes sein soll. Welche Daten sollte das Unternehmensbriefing enthalten?

5.3 Damit die Fa. Kahl ihre Kunden besser erreichen kann, befasst sie sich
auch mit Direktwerbung.

5.3.1 Was versteht man unter Direktwerbung?

5.3.2 Welche Hauptziele werden mit der Direktwerbung verbunden?

5.3.3 Welche Quellen für Anschriften möglicher Kunden kämen für die Fa.
Kahl in Frage?

5.4 Die Fa. Kahl ist sich der zunehmenden Bedeutung der Verkaufsförderung bewusst und beschließt deshalb mit bestimmten Maßnahmen
die Leistungsfähigkeit ihrer Mitarbeiter und Reisenden zu verbessern.
Welche Maßnahmen kämen Ihrer Meinung nach in Frage. Nennen
und erläutern Sie drei.

35

5.5 Die Unternehmensberatung unterbreitet der Fa. Kahl vier Methoden für die Erstellung des Werbeetats. Im einzelnen sind dies:
- Die ausgabenorientierte Methode
- Die Prozentsatz von ..... Methode
- Die konkurrenzorientierte Methode
- Die Ziel- und Aufgaben-Methode

Erläutern Sie die einzelnen Methoden und nennen Sie je zwei Nachteile

5.6 Die Ergebnisse der Marktforschung haben gezeigt, dass das Unternehmen Kahl am Markt uneinheitlich wahrgenommen wird. Die Geschäftsleitung entschließt sich deshalb ein umfassendes Corporate-Identity-Konzept zu entwickeln.

Beschreiben Sie drei Teilkonzepte eines Corporate-Identity-Konzeptes im Rahmen der Kommunikationspolitik mit je zwei Maßnahmen am Beispiel des Unternehmens Kahl.

Projekt- und Produktmanagement im Marketing

6.1 Die Unternehmensberatung Dr. Thielmann & Partner erläutert der Geschäftsleitung die Bedeutung von Zielsetzungen im Marketing. Nennen Sie je vier quantitative und qualitative Ziele. Erläutern Sie, warum diese operationalisiert werden müssen!

6.2 Zur besseren Verwirklichung unternehmerischer Zielsetzungen bietet sich die Bildung von „profit centers" an.

6.2.1 Charakterisieren Sie das „profit center" anhand seiner wichtigsten Merkmale.

6.2.2 Beschreiben Sie in kurzer Form jeweils drei Vor- und Nachteile des „profit centers".

6.3 Ihr Chef beauftragt Sie, eine Deckungsbeitragsrechnung zu erstellen.

Projekt- und Produktmanagement im Marketing/ Anwendung der Marketinginstrumente

Von der Abteilung Rechnungswesen erhalten Sie hierzu folgenden Computerausdruck:

Materialkosten:	462 pro Stück
Fertigungslohn:	995 pro Stück
Energiekosten:	21 pro Stück
Geplanter Jahresabsatz:	222.000 Stück
Anlagevermögen:	27,4 Mio.
Umlaufvermögen:	26,4 Mio.
Produktionsfixkosten:	35 Mio.
Marketingfixkosten:	22 Mio.
Sonst. Unternehmensfixkosten:	87 Mio.
Produktpreis:	2.198
Investitionen:	12 Mio.
Abschreibungen auf diese Investitionen:	1,2 Mio.

6.3.1. Erstellen Sie anhand dieser Daten eine mehrstufige Deckungsbeitrags-Rechnung.

6.3.2 Errechnen Sie den Break-Even-Point nach Absatz und Umsatz.

6.3.3 Ein Kunde will Ihnen einen Großauftrag erteilen, erwartet jedoch dafür enorme Preiszugeständnisse. Wo liegt die kurzfristige Preisuntergrenze? Schlagen Sie einen Preis vor!

6.3.4 Ermitteln Sie den ROI und die Pay-off-Periode

6.3.5 Die Unternehmensleitung strebt für das nächste Jahr einen Gewinn von 25 Mio. an. Welche Stückzahl muss dann verkau ft werden?

6.4 Die Controlling-Abteilung der Fa. Kahl ist mit der bisherigen Kundenerfolgsrechnung nicht zufrieden, da sie auf der Vollkostenbasis aufgebaut ist. Stellen Sie schematisch dar, wie eine Kundenerfolgsrechnung auf Deckungsbeitragsbasis aufgebaut werden kann!

6.5 Sie denken über weitere Maßnahmen nach, wie Sie den rückläufigen Umsatz wieder auf Wachstumskurs bringen können und suchen nach strategischen Ansätzen.

6.5.1 Als Anhänger einer klaren Struktur stellen Sie diese Ansätze in Matrixform dar.

Machen Sie auch jeweils zwei kurz- mittel- und langfristig wirksame Vorschläge für geeignete Maßnahmen!

6.5.2 Zur Verdeutlichung der Situation des Unternehmens stellen Sie die Situation in Form einer GAP-Analyse dar. Skizzieren und beschreiben Sie diese Analyse-Methode!

6.6 Die Unternehmensberatung schlägt der Geschäftsleitung der Fa. Kahl GmbH das Konzept „Balanced Scorecard vor.

6.6.1 Welche vier Perspektiven beinhaltet die Balanced Scorecard (BSC) im Allgemeinen? Wie werden dabei die Perspektiven überprüft, nennen Sie je zwei Beispiele!

6.6.2 Nennen Sie je drei Vor- und Nachteile der BSC.

⇨ Antworten auf S. 87 ff.

2.2 Marktforschung und Marketingstatistik

Aufgabensatz I

Aufgabe 1

Die Noris Bank AG will mit einer Befragung Informationen über die Einkommensverteilung ihrer Kunden bekommen. Mit einer Sicherheitswahrscheinlichkeit von 99,7 % (Sicherheitsfaktor t = 3) und einer Fehlerspanne von +/- 5% soll sichergestellt werden, das die Stichprobe repräsentativ ist. Berechnen Sie den notwendigen Stichprobenumfang n! (2 P)

Aufgabe 2

Im Bereich der Statistik können eine Reihe von Fehlern begangen werden. Nennen Sie je drei (in Stichworten) verschiedene, mögliche Fehlerquellen bei

a)   der Erhebung (3 P)

b)   der Auswertung (3 P)

Aufgabe 3

Ein Marktforschungsunternehmen schlägt Ihnen zur Durchführung einer Marktanalyse als Erhebungsverfahren eine Quoten-Stichprobe vor und begründet dies mit der großen Schnelligkeit und den geringen Kosten dieses Verfahrens.

3.1   Weisen Sie auf drei mögliche Nachteile des Verfahrens bezüglich der Genauigkeit der Aussage hin. (3 P)

3.2   Begründen Sie, warum Ihrer Ansicht nach auch ein Verfahren der Zufallsauswahl der Stichprobenelemente in Frage kommt. (1 P)

Aufgabe 4

Bei der Aufbereitung von Marktforschungsdaten werden häufig multivariate Auswertungsverfahren eingesetzt. Erläutern Sie hiervon die multiple Regressionsanalyse mit einem Beispiel. (3 P)

Aufgabe 5

Eine Kaufhauskette möchte Informationen über die Zufriedenheit ihrer Kunden anstellen. Sie beauftragen einen Interviewer, sich neben eine Kasse in einem ihrer Kaufhäuser zu stellen und die Kunden zu befragen. Wie nennt man dieses Auswahlverfahren? (1 P)

Aufgabe 6

Die Marktforschung trägt durch die Beschaffung und Bereitstellung von Informationen entscheidend dazu bei, das Risiko bei unternehmerischen Entscheidungen zu verringern.

Welche fünf wesentlichen Teilaufgaben übernimmt die Marktforschung dabei in den einzelnen Phasen des unternehmerischen Entscheidungsprozesses? (10 P)

Aufgabe 7

Sie erhalten das Ergebnis aus einer Marktforschungsstudie. Als Leiter der Marketingabteilung sollen Sie diese hinsichtlich der Kriterien „Validität", „Reliabilität" und „Objektivität" überprüfen.

Was ist unter diesen Begriffen zu verstehen? (6 P)

Aufgabe 8

Erläutern Sie den Begriff der Sekundärforschung? Auf welche Datenquellen bezieht sich die Sekundärforschung und welche Gründe sprechen dafür, diese Forschung immer zuerst durchzuführen? (5 P)

Aufgabe 9
Welche Informationen kann man aus einer Kundenstatistik gewinnen? Nennen Sie vier! (4 P)

Aufgabe 10
Was versteht man unter dem Dustbin-Check-Verfahren? (3 P)

Aufgabe 11
Für eine tiefer gehende Informationsgewinnung ist es notwenig in einem Fragebogen neben direkten Fragen auch indirekte Formulierungen aufzunehmen.
a.) Was verstehen Sie unter indirekt (projektiv) formulierten Fragen? (2 P)
b.) Nennen Sie drei Techniken für indirekte Fragen! (3 P)

Aufgabe 12
Nennen Sie fünf Möglichkeiten, um bei schriftlichen Kundenbefragungen die Rücklaufquote zu verbessern! (5 P)

Aufgabe 13
Verschiedene Informationen für das Marketing lassen sich mittels der Gruppendiskussion gewinnen? Nennen Sie drei Informationen und erläutern Sie drei Probleme. (6 P)

Aufgabe 14
Für noch nicht am Markt eingeführte Produkte ist es für den Hersteller sinnvoll, einen Produkttest durchzuführen. Welche drei Fragen sollten hierbei im Vordergrund stehen. (6 P)

Aufgabe 15

Vor der Errichtung eines Testmarktes oder auch an Stelle eines Testmarktes wird häufig ein Storetest durchgeführt. Welche Vor- und Nachteile sind hierbei zu berücksichtigen? Nennen Sie je drei! (12 P)

Aufgabe 16

Im Rahmen der Tracking-Forschung unterscheidet man Panelforschung und Wellenerhebung.

a.) Was versteht man unter Panelforschung und was unter Wellenerhebung? (3 P)

b.) Nennen Sie je drei Beispiele (6 P)

Aufgabe 17

Zur Erklärung des Käuferverhaltens wurden verschiedene Kaufprozess-Modelle. Worin besteht der wesentliche Unterschied zwischen einem Black-Box-Modell und einem SOR-Modell? (4 P)

Aufgabe 18

Was versteht man unter der Szenario-Technik? Beschreiben Sie die Technik ausführlich und erläutern Sie vier Einflussfaktoren, die zur Entwicklung von Szenarien herangezogen werden. (10 P)

⇨ Antworten auf S. 111 ff.

Marktforschung und Marketingstatistik

Aufgabensatz II

Aufgabe 1
Für die Auswertung von Marktforschungsergebnissen ist die Bildung von Kennzahlen notwendig.

a.) Begründen Sie, warum Sie dazu jeweils einen Mittelwert und ein Streuungsmaß wählen? (2 P)

b.) Nennen Sie drei mögliche Mittelwerte (3 P)

Aufgabe 2
In der Marktforschung werden unterschiedliche Skalenniveaus unterschieden. Erläutern Sie die Begriffe Nominalskala und Ordinalskala an je einem Beispiel! (4 P)

Aufgabe 3
Der Verband der Unterhaltungselektronik führt einem Marktgebiet (30 Millionen Haushalte) eine Studie durch und kommt zu folgendem Ergebnis:

10 Mio. Haushalte verfügen über einen DVD-Player

3 Mio. Haushalte besitzen einen DVD-Player von Electronics International.

Drei Hersteller teilen sich den Markt DVD-Player im Verhältnis 6:3:1

Das Marktvolumen für DVD-Player betrug 2008 1.500 Mio.

a.) Berechnen Sie den Marktdurchdringungsgrad für DVD-Player sowie den Marktanteil für Electronics International- Player. (2 P)

b.) Ermitteln Sie die Marktanteile der DVD-Hersteller und die entsprechenden Umsatzzahlen. (2 P)

Aufgabe 4
Was versteht man unter dem Konzentrationsverfahren und in welchem Bereich wird es am häufigsten angewandt? (3 P)

Aufgabe 5

Ein Unternehmen möchte herausfinden, ob zwischen ihren Werbeaktionen und dem Kauf ihres Produktes ein Zusammenhang besteht. Dabei ergab sich für 1.000 Befragte folgende Kreuztabelle:

Käufer / Werbeaktion	Käufer	Nichtkäufer	Insgesamt
Werbeaktion – Kontakt	700 (93%)	100 (40%)	800
Werbeaktion – kein Kontakt	50 (7%)	150 (60%)	200
Insgesamt	750	250	1000

a.) Welche Aussagen ergeben sich für das Unternehmen aus o.g. Tabelle (4 P)

b.) Für weitere Informationen soll ein Korrelationskoeffizient berechnet werden. Was ist darunter zu verstehen? (2 P)

Aufgabe 6

Aufgrund einer Marktforschungsuntersuchung sollen Konsumententypologien gebildet werden. Welches multiple Auswertungsverfahren bietet sich dafür an? Beschreiben Sie es in den wichtigsten Grundzügen! (3 P)

Aufgabe 7

Die betriebliche Marktforschung kann gegenüber einem Marktforschungs-Institut Vorteile bieten. Erläutern Sie vier! (4 P)

Aufgabe 8

Welche marketingrelevanten Informationen lassen sich mittels der Marktforschung gewinnen? Nennen Sie drei Gruppen mit jeweils drei Informationen. (9 P)

Aufgabe 9

Beschreiben Sie detailliert, was unter einer Primär- und unter einer Sekundärforschung zu verstehen ist. In welchen Situationen sollten diese beiden grundlegenden Erhebungsarten jeweils angewandt werden?
Begründen Sie Ihre Meinung ausführlich! (4 P)

Aufgabe 10

Welche marketingrelevanten Informationen lassen sich mittels der Beobachtung gewinnen? Nennen Sie fünf! (5 P)

Aufgabe 11

Erläutern Sie jeweils drei Nachteile der Erhebungsmethoden „face-to-face-Interview", „Telefoninterview" und „schriftliche Umfrage"! (9 P)

Aufgabe 12

Im Rahmen von Befragungen werden häufig geschlossene Fragen verwendet. Wo liegen die Vor- und Nachteile dieser Frageform? Erläutern Sie jeweils zwei Vor- und Nachteile! (4 P)

Aufgabe 13

Ein Automobilhersteller möchte die Erfahrungen der Autobesitzer mit den angebotenen Kundendienstleistungen der Händler ermitteln.
Welche fünf Entscheidungsprobleme sind bei der Konzeption einer solchen Befragung zu lösen? (5 P)

Aufgabe 14
Beschreiben Sie kurz das Polaritätenprofil. Wofür wird es in der Praxis am häufigsten eingesetzt. (2 P)

Aufgabe 15
Sie möchten herausfinden, ob der der Verbraucher den Unterschied zwischen einer normalen Limonade und einer Light-Limonade ohne Zucker erkennt.
a.) Hierzu führen Sie einen Blindtest durch. Erläutern Sie, was man darunter versteht. (2 P)
b.) Welche Ziele werden mit einem Blindtest verfolgt? (2P)

Aufgabe 16
Ein Hersteller von Fitness-Getränken möchte aus den verschiedensten Gründen die herkömmliche 600 Gramm schwere 0,7 Liter-Flasche durch eine neue Leichtglasflasche ablösen. Trotz der Vorteile, die die neue Leichtglasflasche bietet, ist man sich nicht sicher, ob sie sich gegenüber dem Handel und den Verbrauchern durchsetzten lässt.
Um das Risiko einer Fehlentscheidung zu minimieren, wird ein Marktforschungs-Institut beauftragt.
a.) Zu welcher Methode der Marktforschung wird dieses Institut fast zwingend greifen? Nennen Sie die Methode! (2 P)
b.) Beschreiben Sie die Vorgehensweise bei dieser Methode. Nennen Sie mindestens drei Voraussetzungen, die vorliegen müssen, und erläutern Sie jeweils zwei Vor- und Nachteile dieser Methode! (7 P)

Aufgabe 17
Um Verbrauchergewohnheiten kennen zu lernen, werden Panel-Befragungen durchgeführt.
a.) Erläutern Sie den Nutzen der Panel-Befragung und zeigen Sie auf, welche Merkmale zu berücksichtigen sind. (3 P)

b.) Erläutern Sie die wesentlichsten Probleme im Zusammenhang mit der Panelbefragung und erläutern Sie diese beispielhaft. (3 P)

Aufgabe 18
Beschreiben und erörtern Sie die Unterschiede im Konsumentenverhalten beim Kauf folgender Produkte: die aktuelle CD eines bekannten Sängers, ein transportabler PC, ein paar Laufschuhe für das Jogging und schließlich Cornflakes. (8 P)

Aufgabe 19
In den letzten Jahren ist eine Zunahme der Bedeutung qualitativer Prognoseverfahren zu beobachten, wie z.B. der Delphimethode.
Erläutern Sie kurz die Methode und stellen Sie deren Ablauf dar. (6 P)

⇨ Antworten auf S. 119 ff.

Marketingfachkaufmann / -frau werden

Aufgabensatz III

Aufgabe 1

Erklären Sie den Begriff Spannweite und begründen Sie, warum die Kenntnis der Spannweite bei Marktstudien von besonderem Interesse ist? Gehen Sie dabei von folgenden Merkmalswerten (hier z. B. Euro) aus: (1, 5, 4, 7, 6, 5, 4, 3, 5,2) (5 P)

Aufgabe 2

Ein Marktforschungsunternehmen schlägt Ihnen zur Durchführung einer Marktanalyse als Erhebungsverfahren eine einfache Stichprobe vor. Welche Voraussetzungen müssen gegeben sein, damit dieses Verfahren repräsentativ ist? (4 P)

Aufgabe 3

Was versteht man unter dem Konzentrationsverfahren und in welchem Bereich wird es am häufigsten angewandt? (5 P)

Aufgabe 4

Ein Drogerieunternehmen besitzt 8 Filialen an unterschiedlichen Orten. Für die Umsätze des Jahres 2008 erhielt man folgende Angaben in Mill. Euro.

Ort	A	B	C	D	E	F	G	H
Umsatz	320	270	480	176	430	162	312	198

a.) Berechnen Sie den Median (Zentralwert) (2 P)

b.) Bestimmen Sie den einfachen arithmetischen Mittelwert (2 P)

Aufgabe 5

Der Hersteller eines Waschmittels möchte eine repräsentative Studie über das Waschverhalten in der BRD anfertigen lassen. Ist es zweckmäßig, die Umfrage auf schriftlichem Wege durchzuführen? Begründen Sie kurz Ihre Antwort! (5 P)

Aufgabe 6

Unter welchen Bedingungen ist es sinnvoll das Flächenstichprobenverfahren zu wählen? (5 P)

Aufgabe 7

Die Umfrage für die Leseranalyse 2007 liegt nun vor. Sie befasst sich mit dem Informationsverhalten und den Lebensgewohnheiten bei einem ausgewählten Personenkreis.

a.) Welche Methode der Datenanalyse käme in Frage, um den Personenkreis in Gruppen einzuteilen? (1 P)

b.) Erläutern Sie die Methode der Datenanalyse näher und nennen Sie noch drei weitere Beispiele für ihren Anwendungsbereich. (3 P)

Aufgabe 8

Die Marketingabteilung Ihres Betriebes möchte eine Marktforschungsstudie in Auftrag geben. Welche sechs Auswahlkriterien für ein Institut sollten Ihrer Meinung nach Berücksichtigung finden? (6 P)

Aufgabe 9

Im Rahmen der quantitativen Marktforschung wird zwischen Tracking-Forschung und Ad-hoc-Forschung unterschieden. Was ist darunter zu verstehen? (4 P)

Aufgabe 10

Als Marktforscher werden Sie vor die Aufgabe gestellt, den Standort für ein Ladengeschäft (Lebensmittel-Einzelhandel) zu testen.

a.) Welche Erhebungsmethode würden Sie für diese Fragestellung anwenden? (2 P)

b.) Welche Sachverhalte würden Sie im Rahmen Ihrer Erhebung erforschen. Formulieren Sie hierzu fünf Problemfragen! (5 P)

Aufgabe 11

Welche Mindestanforderungen sind an einen Interviewer zu stellen? Erläutern Sie drei. (3 P)

Aufgabe 12

Eine erfolgreiche Marktforschung erfordert eine sorgfältige Konzeption der Befragung.

a.) Was versteht man unter einem „strukturierten Interview"? (2 P)

b.) Welche zwei Frageformen sind nach der Antwortmöglichkeit zu unterscheiden? (2 P)

c.) Welche Befragungsarten sind gebräuchlich? (4 P)

d.) Erläutern Sie die grundsätzlichen „Spielregeln" für die Frageformulierung! (5 P)

Aufgabe 13

Bei der telefonischen Befragung kann der Interviewer den Computer zum Aufzeichnen einsetzen. (CATI = Computer Assisted Telephone Interview). Erläutern Sie vier Vorteile dieses Systems! (4P)

Aufgabe 14

Unterscheiden Sie standardisiertes, strukturiertes und freies Interview (Tiefeninterview) (3 P)

Aufgabe 15

Welche Gründe veranlassen Hersteller einen Produkttest durchzuführen? Erläutern Sie sechs! (6 P)

Aufgabe 16

Für ein Deodorant werden Verkaufsförderungsmaßnahmen (Verteilung von Gratisproben, Displays, Durchsagen, Preisausschreiben) in sechs SB-Warenhäusern durchgeführt und mit einer Kontrollgruppe von sechs vergleichbaren SB-Warenhäusern verglichen, in denen diese Maßnahmen nicht durchgeführt werden. Man erhält folgendes Ergebnis:

	Versuchsgruppe	Kontrollgruppe
Umsatz vor Experiment	600.000 Euro	600.000 Euro
Umsatz nach Experiment	900.000 Euro	700.000 Euro

Wie beurteilen Sie den Umsatzerfolg, wenn der Bruttogewinn bei 10 % vom Umsatz liegt und die Verkaufsförderungsmaßnahmen insgesamt 24.000 Euro kosten. (8 P)

Aufgabe 17

Mithilfe des Einzelhandelspanel lassen sich Informationen über die Absatzentwicklung einzelner Produkte im Einzelhandel gewinnen. Die Aussagekraft wird jedoch durch mehrere Nachteile geschmälert. Erläutern Sie mindestens zwei! (6 P)

Aufgabe 18

Marketingprognosen beruhen auf Daten und Analysen; in der Praxis gibt es kein ideales Prognoseverfahren für alle Zwecke.

a.) Was ist der Zweck einer Prognose? (2 P)

b.) Wovon hängt ein zu wählendes Prognoseverfahren ab? Erläutern Sie **drei** Gesichtspunkte! (6 P)

⇨ Antworten auf S. 127 ff.

Marketingfachkaufmann / -frau werden

Aufgabensatz IV

Aufgabe 1

Die Ergebnisse einer von Ihnen in Auftrag gegebenen Marktforschungsstudie liegen Ihnen vor. Auf Rückfrage bei dem Institut antwortet Ihnen ein Mitarbeiter, dass der Stichprobenumfang vom Umfang der Grundgesamtheit abhängig ist. Ist der Mann kompetent? Begründen Sie Ihre Antwort! (4 P)

Aufgabe 2

Einem Hersteller von Kaffeemaschinen lieben folgende Preise und Häufigkeiten vor:

Preis	Häufigkeit
35,00	2
40,00	4
50,00	6
65,00	3
70,00	2
75,00	1

Berechnen Sie den gewogenen arithmetischen Mittelwert. (2 P)

Aufgabe 3

Bevor in der Marktforschung eine Erhebungsmethode zum Einsatz kommt, ist zu klären, ob eine Vollerhebung oder eine Teilerhebung durchgeführt werden soll.

Was ist unter einer Vollerhebung bzw. unter einer Teilerhebung zu verstehen? Welches sind die Vor- und Nachteile einer Vollerhebung? In welcher Situation sollte eine Teilerhebung durchgeführt werden? (6 P)

Aufgabe 4

Das Marktforschungsinstitut Info-Fix wendet das geschichtete Auswahlverfahren beim Aufbau seines Haushaltspanels an.

a.) Was versteht man allgemein unter einem „geschichteten Auswahlverfahren"? (2 P)

b.) Beschreiben Sie kurz die Vorgehensweise bei diesem Auswahlverfahren! (3 P)

Aufgabe 5

Die Abstimmung der Aufgabe zwischen Auftraggeber und Institut nennt man Briefing. Was sollte das Briefing enthalten? (4 P)

Aufgabe 6

Erstellen Sie einen schematischen Ablaufplan des Prozesses der Informationsbeschaffung, der von der Planung bis zur Präsentation die wichtigsten Elemente enthält. (8 P)

Aufgabe 7

Beschreiben Sie die Primärforschung. Wann wird sie in der Regel eingesetzt und welche primären Erhebungsmethoden unterscheidet man allgemein? (7 P)

Aufgabe 8

Im Rahmen einer Studie der Elektroindustrie soll mittels eines Handelspanels eine gewählte Segmentierungsstrategie überprüft werden.

Nennen Sie vier marketingrelevante Daten, die bei einem Handelspanel erhoben werden! (4 P)

Aufgabe 9

Die Frankfurter Zeil, die Münchner Kaufingerstraße sowie die Kölner Schildgasse locken unter den deutschen Fußgängerzonen die meisten City-Besucher an. In den drei Großstädten drängeln sich samstags um die Mittagszeit pro Stunde jeweils rund 14 000 potenzielle Kunden. Dies besagt die jüngste Passantenfrequenzzählung eines Düsseldorfer Marktforschungsinstituts. Durchgeführt wurde sie in 165 wichtigen Einkaufsstraßen zwischen Kiel und Koblenz.

Die Passantenfrequenzzählung ist eine mögliche Form der Beobachtung, um Informationen zum Bereich Kaufverhalten zu gewinnen.

Mittels Beobachtung lassen sich noch weiter marketingrelevante Informationen gewinnen.

Bitte nennen und erklären Sie kurz noch weiter vier! (4 P)

Aufgabe 10

Im Rahmen der Marktforschung gehören Online-Befragungen heute bereits zum Alltag. Nennen Sie drei Vorteile und drei Nachteile der Online-Befragung! (6 P)

Aufgabe 11

Sie sind in der Meinungsforschungsabteilung eines großen Verlages beschäftigt. Sie sollen nun eine Befragung bei Buchhändlern durchführen. Sie werden gebeten, die Vorteile einer

- persönlichen Befragung
- telefonischen Befragung
- schriftlichen Befragung und
- Internetbefragung

Kurz darzulegen. Nennen Sie bitte jeweils 4 Vorteile. (16 P)

Aufgabe 12

Bei einem standardisierten Interview wird der Fragebogen durch den Aufbau und die Reihenfolge der Fragen gestaltet. Erläutern Sie kurz die hierbei verwendeten fünf Fragegruppen! (5 P)

Aufgabe 13
Definieren Sie einen Markttest und beschreiben Sie Anforderungen sowie die Vor- und Nachteile! (6 P)

Aufgabe 14
Elektronische Minimarkttests, wie das „GfK-BehaviorScan" sind Verfahren, welche in der modernen Marktforschung immer mehr an Bedeutung gewinnen.
a.) Was versteht man unter dem „GfK-BehaviorScan"? (2 P)

b.) Für welche Zwecke kann es eingesetzt werden. Nennen Sie vier! (4 P)

Aufgabe 15
Angesichts einer zunehmenden Marktdynamik in der Konsumgüterindustrie ist eine ständige Informationsgewinnung über die Produkte im Absatzmarkt erforderlich. Kennzeichnen Sie die wesentlichen Gemeinsamkeiten und Unterschiede zwischen einem Haushalts- und einem Handelspanel! (4 P)

Aufgabe 16
Nach modernem Marketingkonzept soll der Kauf eines Produktes (Marketingziel) durch die Befriedigung eines Bedürfnisses seitens des potentiellen Käufers erreicht werden bzw. soll der Käufer in dem Kauf einen Vorteil für sich sehen. Anders ausgedrückt: Ein Umsatz lässt sich nur dann erzielen, wenn der Käufer durch den Kauf bestimmte Bedürfnisse befriedigen kann. Welches sind die Bedürfnisse, die Unternehmen mit den folgenden Produkten zu befriedigen suchen? (4 P)

Unternehmen	Produkt
Bayer AG	Aspirin
FAZ	Zeitung
Beiersdorf	Nivea-Creme
Henkel	Persil

Aufgabe 17
Wodurch unterscheiden sich quantitative von qualitativen Prognoseverfahren? (3 P)

Aufgabe 18
Bei Absatzprognosen können verschiedene Arten von Fehlern auftreten. Nennen Sie drei und erläutern Sie diese kurz. (6 P)

⇨ Antworten auf S. 133 ff.

Marketingfachkaufmann / -frau werden

2.3 Rechtliche Aspekte im Marketing

Aufgabensatz I

Aufgabe 1

Der Würzburger Kaufmann A macht dem B aus Aschaffenburg ein Angebot, das B acht Werktage nach Absendedatum brieflich annimmt. Ist ein Kaufvertrag zustande gekommen, wenn es sich um einfache Artikel des kaufmännischen Bedarfs handelt? (10 P)

Aufgabe 2

Der Kunde K (Letztverbraucher) schließt am 15. Oktober einen Kaufvertrag mit dem Juwelier J über eine Goldkette im Wert von 10.000 Euro ab. Lieferzeitpunkt: 10. Dezember. Am 10.12. verlangt J wegen des zwischenzeitlich gestiegenen Goldpreises einen Aufschlag von 10 % und beruft sich dabei auf einen Paragraphen seiner allgemeinen Geschäftsbedingungen, in denen tatsächlich solche Preisanpassungen vorgesehen sind. Muss K die 10% Zuschlag bezahlen? Begründen Sie Ihre Antwort. (10 P)

Aufgabe 3

Nach dem Mutterschutzgesetz genießt die Mutter einen besonderen Schutz während der Schutzfristen vor und nach der Entbindung. Außerdem hat sie in dieser Zeit bestimmte finanzielle Ansprüche. Was muss der Arbeitgeber hierbei beachten? Erläutern Sie dies ausführlich. (22 P)

Aufgabe 4

Der Verkäufer V verkauft und übereignet dem Kunden K einen Schrank. Einige Tage später stellt K fest, dass das Holz teilweise wurmstichig ist. V trifft kein Verschulden. Er hat das Holz für einwandfrei gehalten und hatte auch nicht den Holzwurm erkennen können. Kann K irgendwelche Ansprüche gegen V geltend machen? (12 P)

Aufgabe 5

Der Einzelhändler Pfiffig hängt an seiner Kasse folgende Allgemeine Geschäftsbedingungen aus:

a) Mängel an der Ware können nur innerhalb von 14 Tagen geltend gemacht werden

b) Eine Mängelhaftung beschränkt sich auf Nachbesserung. Die Kosten trägt der Käufer

Der Kunde Ernst findet dies gar nicht lustig und beschwert sich darüber beim Verbraucherschutzverein. Außerdem rügt er, dass die AGB nur an der Kasse hängen. Beurteilen Sie die drei beanstandeten Punkte aus rechtlicher Sicht. Welche rechtliche Möglichkeit hat der Verbraucherschutzverein? (16 P)

Aufgabe 6

Ein Kaufmann wirbt mit: „Das führende Einrichtungshaus in Nordbayern". Unter welcher Voraussetzung ist diese Werbung zulässig? (8 P)

Aufgabe 7

Die Generalklausel des § 3 UWG beherrscht das gesamte Wettbewerbsrecht. Auslegungsfähig ist vor allem der Begriff „unlauterer Wettbewerb". Erläutern Sie anhand des § 3, was unter „unlauterem Wettbewerb" zu verstehen ist. (12 P)

Aufgabe 8

Der X-Markt bietet in einer Zeitungsanzeige eine Kaffeemaschine zu einem Preis von 9 an. Als am Tag der Werbung um 10 Uhr ein Kunde die Maschine kaufen will, ist keine mehr vorrätig. Ist dies wettbewerbsrechtlich zulässig? Wie bezeichnet man ein solches Angebot? Welche drei Formen unterscheidet der Gesetzgeber hier? (10 P)

⇨ Antworten auf S. 141 ff.

Aufgabensatz II

Aufgabe 1

Der Hersteller H hat dem Kunden K aufgrund eines Kaufvertrages am 1. März dieses Jahres 200 Paar Damenschuhe geliefert. Bis zum 1. Mai ist Valuta vereinbart. Da K am 15. Mai noch nicht bezahlt hat, schickt ihm H nochmals eine Rechnung mit ein paar freundlichen Zeilen. Am 1. Juli schickt er ihm eine weitere Mahnung mit der Ankündigung, die Sache seinem Anwalt zu übergeben, falls K nicht umgehend zahle. Nach weiteren 2 Wochen übergibt H die Sache seinem Anwalt. Kann H die Kosten für seine Schreiben und die Anwaltskosten verlangen? Begründen Sie Ihre Antwort. (12 P)

Aufgabe 2

Der Jüngling J hat eine Freundin F, die er für treu hält. Er kauft beim Juwelier ein Schmuckstück, das er der F zum Geburtstag schenken will. Dabei erzählt er dem Juwelier ausdrücklich, wie treu die F sei und dass er ihr nur wegen dieser Treue ein so teures Geschenk machen wolle. Am nächsten Tag sieht J die F mit einem Anderen Arm in Arm. Kann J den Kaufvertrag anfechten? (12 P)

Aufgabe 3

Ein Kaufmann versendet an die privaten Haushalte der Stadt eine Broschüre mit dem Titel: „Heimwerken leicht gemacht" zum Preis von 6 EUR. Im Begleitschreiben ist erwähnt, dass nach etwa 10 Tagen ein Angestellter beim Adressaten vorsprechen werde, um den Kaufpreis zu kassieren oder um die Broschüre wieder abzuholen.

Ist diese Werbemaßnahme zulässig? Begründen Sie Ihre Antwort! (12 P)

Aufgabe 4

Der Arbeitgeber A ärgert sich zusehends über seinen Mitarbeiter M, der ihm gerade heute wieder durch ein patziges Verhalten gegenüber einem Kunden aufgefallen ist. Am liebsten würde er ihm gleich kündigen. Sein Verbandsjurist rät ihm davon jedoch dringend ab, da er vorher abmahnen müsse. Was versteht man darunter? Welche Form ist hier dringend anzuraten?

Einige Zeit später wiederholt sich der Vorfall. Jetzt kündigt A dem M fristgemäß. Um welche Art der Kündigung handelt es sich?

Der Arbeitnehmer A möchte wegen dieser einer gegen ihn ausgesprochenen Kündigung Klage beim Arbeitsgericht einreichen. Muss er einen Anwalt nehmen? Was versteht man unter Ausschlussfrist, Güteverhandlung und Streitverhandlung? (24 P)

Aufgabe 5

Die Traumgeschenke AG ist ein großer Internet – Einzelhändler. In ihren Allgemeinen Geschäftsbedingungen wird auch ein Rückgaberecht für die Kunden eingeräumt. Dort heißt es:

„Bei Nichtgefallen können Sie uns einfach die Ware zurücksenden. Wir schreiben Ihnen den Betrag auf Ihrem Kundenkonto gut. Bei einer Neubestellung rechnen wir ihn dann voll auf den Kaufpreis an!"

Der Kunde K ist hiermit nicht einverstanden und fragt Sie als Fachmann nach der Rechtslage.

a.) Unter welcher Voraussetzung gelten solche AGB überhaupt in einem Kaufvertrag?

b.) Ist diese Formulierung der Traumgeschenk AG überhaupt rechtswirksam?

c.) Welche Konsequenz hat es, wenn die Formulierung unwirksam ist? (24 P)

Aufgabe 6

Der Kaufmann Hurtig wirbt: „Skistiefel und Langlaufskischuhe von 120,-- bis 390,-- EUR." Tatsächlich hat er ein Paar Langlaufschuhe in Schuhgröße 38 aber keinen Skistiefel für 120,-- EUR auf Lager.

Ist diese Werbung zulässig? Begründen Sie Ihre Aussage! (16 P)

⇨ Antworten auf S. 145 ff.

Marketingfachkaufmann / -frau werden

Aufgabensatz III

Aufgabe 1
Der kranke Marketingfachkaufmann M bittet seinen Freund F, für ihn beim Buchhändler B Bücher zu kaufen, damit er eine gute Prüfung schreibt. Dies kündigt er auch dem B in einem Brief an und verpflichtet sich diesem gegenüber, er werde später vorbeikommen und die Bücher bezahlen. Dem Gustav sagt er, er dürfe nur Lehrbücher kaufen. Gustav kauft jedoch einen schlüpfrigen Roman. Kann B von Fleißig die Bezahlung des Romans verlangen? Begründen Sie Ihre Antwort. (12 P)

Aufgabe 2
Der Geschäftsführende Gesellschafter der MFK GmbH will einem bewährten Mitarbeiter Prokura verleihen.
a.) Wer kann Prokura erteilen?
b.) Welche Form ist dabei zu beachten?
c.) Zu welchen Rechtsgeschäften ermächtigt Prokura?
d.) Welche Rechtsgeschäfte darf der Prokurist nicht vornehmen? (20 P)

Aufgabe 3
Der 15-jährige Fritz kauft mit Zustimmung seiner Eltern die 20-bändige „Große Weltgeschichte". Die Bände erscheinen monatlich und kosten jeweils 50 . Als ihm sein Freund erzählt, dass man solche Informationen viel billiger aus dem Internet herunterladen könne, zahlt er nicht mehr. Der Verkäufer verlangt nun das Geld von den Eltern.
Zurecht? Begründen Sie Ihre Antwort! (12 P)

Aufgabe 4
Der Verkäufer V erkrankte im Januar an Grippe und war für 4 Wochen arbeitsunfähig. Im Mai erkältete er sich und war nochmals für 3 Wochen arbeitsunfähig. Für welche Dauer erhält er Gehaltsfortzahlung? (12 P)

Aufgabe 5

Der Arbeitgeber A hat seinem Mitarbeiter Z gekündigt, da wie er in der Kündigung schreibt, die wirtschaftliche Lage des Betriebs eine Weiterbeschäftigung nicht zulasse. Gegen diese Kündigung klagt Z beim Arbeitsgericht mit der Begründung, daß die Kündigung „nach den Bestimmungen des Kündigungsschutzgesetzes sozial ungerechtfertigt" sei.

A fragt Sie als seine Führungskraft, was das bedeute. Erläutern Sie dies. (14 P)

Aufgabe 6

Oft vereinbaren Vertragspartner einen Eigentumsvorbehalt.

a.) Warum ist dies für den Verkäufer vorteilhaft?

b.) In welchen Fällen verliert der Verkäufer trotz einer Vereinbarung eines einfachen Eigentumsvorbehalts das Eigentum an der Sache? (14 P)

Aufgabe 7

Ein Privatmann erhält ein Fax von einer ihm unbekannten Anlagegesellschaft mit folgendem Text:

„ Finanzkrise – Wirtschaftskrise – Währungskrise!!!
Fachleute sagen eine Riesen - Inflation voraus. Die dritte Währungsreform in Deutschland droht spätestens am Jahresende!!! Bringen Sie Ihr gutes Geld jetzt in Sicherheit!
Kaufen Sie ein Grundstück in Kanada!"

Beurteilen Sie diese Werbung aus wettbewerbsrechtlicher Sicht. (16 P)

⇨ Antworten auf S. 147 ff.

Aufgabensatz IV

Aufgabe 1

Der Student Sebastian Schnell kauft sich beim Fahrradhändler Hurtig für sein Mountainbike – Rad einen neuen Super-Sport-Lenker der Marke Turbolenk. Kurz danach bricht auf einer Fahrt im Gelände der Lenker, Sebastian Schnell stürzt und bricht sich den Arm. Das Fahrrad wird stark beschädigt. Sebastian Schnell wendet sich an Hurtig und verlangt von diesem den Preis für den Lenker und die Reparaturkosten für das Mountainbike sowie ein Schmerzensgeld von 300 . Die Krankenkasse von Schnell verlangt die verauslagten Kosten des Krankenhauses.

Hurtig lehnt dies ab, da er ja den Lenker nicht gebaut habe. Schnell solle sich an Turbolenk direkt wenden.

a.) Hat Schnell Ansprüche gegen Hurtig? Begründen Sie Ihre Antwort ausführlich! Wann würden solche Ansprüche verjähren?

b.) Hat Schnell auch Ansprüche gegen Turbolenk? Wann würden diese verjähren? Erläutern und begründen Sie Ihre Antwort. (18 P)

Aufgabe 2

Wer soll vornehmlich durch die Regelungen zu den Allgemeinen Geschäftsbedingungen im BGB geschützt werden? (6 P)

Aufgabe 3

Der Begriff Vertragsfreiheit hat eine mehrfache Bedeutung. Erläutern Sie diese. (12 P)

Aufgabe 4

Der Kaufmann Josef Huber schließt einen Mietvertrag mit einer Laufzeit von 10 Jahren zu einer Monatsmiete von 1000 und m it einer Option auf weitere 5 Jahre ab. Was hat die Vereinbarung einer Option für Rechtsfolgen? (8 P)

Aufgabe 5

Welche Pflichten haben Arbeitnehmer und Arbeitgeber aus einem Arbeitsvertrag? Erläutern Sie die einzelnen Pflichten mit je einem Beispiel. (18 P)

Aufgabe 6

Die Verkäuferin V brach sich beim Skilaufen ein Bein. Der Arbeitgeber K weigert sich Lohnfortzahlung zu leisten, weil er Skilaufen für einen gefährlichen Sport hält. Wie ist die Rechtslage? (8 P)

Aufgabe 7

Wie kann ein Arbeitsverhältnis beendet werden? Erläutern Sie fünf Möglichkeiten. (20 P)

Aufgabe 8

Geben Sie ein Fallbeispiel für die Gruppe der belästigenden Werbung nach § 7 UWG. Erläutern Sie, warum diese Werbung wettbewerbswidrig ist! (10 P)

⇨ Antworten auf S. 149 ff.

3 LÖSUNGEN AUS DEN HANDLUNGSBEREICHEN

- Fallstudien: Projekt- und Produktmanagement im Marketing/ Anwendung der Marketinginstrumente
- Marktforschung und Marketingstatistik
- Rechtliche Aspekte im Marketing
- Anleitung für eine erfolgreiche Präsentation – Handlungsbereich Präsentation, Moderation und fachliche Führung von Marketingprojekten

Bitte beachten Sie: Auch eine „Musterlösung" wird nicht immer absolut vollständig sein können. Es soll vielmehr eine Antwort sein, wie sie nach Form und Inhalt von Ihnen in der zur Verfügung stehenden Zeit erwartet werden kann.

Marketingfachkaufmann / -frau werden

3.1 Projekt- und Produktmanagement/ Marketinginstrumente

Lösung Fallstudie I

Produktpolitik

1.1 Ein Ansatzpunkt ist die systematische Ideensuche durch Ausschöpfung vorhandener Quellen, z.b.

- Befragung von Mitarbeitern
- Befragung von Kunden
- Besuch von Messen
- Auswertung der Fachliteratur
- Auswertung von Patentanmeldungen

Ein weiterer Ansatzpunkt ist der Einsatz von Techniken zur Ideengewinnung. Dabei unterscheidet man:

Systematisch-logische (analytisch-logische) Verfahren
- morphologische Analyse
- Eigenschaftslisten

Intuitiv-kreative Verfahren
- Brainstorming
- Methode 635
- Synektik
- Delphi-Verfahren

Morphologische Analyse
Hierbei werden die wichtigsten Dimensionen eines Problems isoliert und die totale Kombination aller gegenseitigen Beziehungen aufgestellt und untersucht. Der Ablauf dieser Analyse vollzieht sich in 5 Schritten:

- Definition des Problems in möglichst allgemeiner Form
- Problem wird in Komponenten zerlegt, die seine Lösung beeinflussen
- Erstellung eines morphologischen Kastens. Für jeden Parameter werden Lösungsalternativen festgelegt und in den morphologischen Kasten eingetragen.
- Die im morphologischen Kasten enthaltenen Lösungsalternativen werden mit kreativen Lösungen kombiniert.
- Aus allen möglichen Lösungen wird die für das Problem optimale Lösung ausgewählt.

Eigenschaftslisten

Alle Eigenschaften, Ausprägungen und Merkmale eines Objektes werden genau beschrieben und schriftlich festgehalten. Die eigentliche Ideenproduktion besteht darin, ein oder mehrere Merkmale oder Attribute durch Austausch oder geringfügige bzw. vollkommene Veränderung zu einer neuen Kombination zusammenzusetzen.

Brainstorming

Dieses Verfahren beruht auf dem Prinzip der freien Assoziation und wird in Form einer Gruppensitzung durchgeführt, basierend auf vier Grundregeln:
- Kritik jeder Art ist während des Brainstormings streng untersagt.
- Die Teilnehmer können und sollen ihrer Phantasie freien Lauf lassen. Nur so lassen sich völlig neue und originelle Ideen entwickeln.
- Ideen anderer Teilnehmer können und sollen aufgegriffen und weiterentwickelt werden.
- Quantität geht vor Qualität. Eine größere Ideenmenge erhöht die Wahrscheinlichkeit, dass eine oder mehrere brauchbare Ideen darunter sind.

Methode 635

Diese Methode gehört zu den Brainwriting-Verfahren. Die Durchführung erfolgt in fünf Schritten:

- Teilnehmer schreiben jeweils 3 Ideen in Zeitabschnitten von jeweils 5 Minuten auf.
- Im ersten Zeitabschnitt werden also von jedem Teilnehmer drei Lösungsansätze zu einem klar abgegrenzten Problem produziert.
- Dann gibt jeder Teilnehmer sein Formular an seinen Nachbarn weiter, der die Lösungen zur Kenntnis nimmt und drei weitere oder ergänzende Lösungen einträgt.
- Die Formulare werden erneut ausgetauscht und die Problemlösungen von verschiedenen Seiten assoziativ weiterentwickelt.
- Das Verfahren ist beendet, wenn jeder Teilnehmer jedes Formular bearbeitet hat.

Synektik
Hierbei wird ein Problem systematisch entfremdet. Die Verfremdung wird durch Verwendung von Analogien aus anderen Bereichen herbeigeführt. Zu neuen Lösungen kommt man durch Verbindung des ursprünglichen Problems mit den Analogien.

Delphi-Verfahren
Das Prinzip besteht darin, eine Gruppe von Experten im Hinblick auf eine künftige Entwicklung um Rat zu fragen. Die Experten werden einzeln und getrennt befragt, so dass nicht bekannt ist, wer welche Aussagen gemacht hat. Durch mehrfache Wiederholung und Rückkopplung wird versucht, extreme Meinungen und Fehleinschätzungen zu beseitigen.

1.2 Produktpolitische Entscheidungen
Produktvariation
Hierunter versteht man die wesentliche Veränderung eines Produktes im Zeitablauf. Im Einzelnen kann es sich um Veränderungen der Qualität, der technischen Funktionalität, des Designs, der Verpackung und Änderung der Marke handeln.

Fallbeispiel:
- Änderung der Nähr- und Geschmacksstoffe
- Änderung der Verpackung
- Änderung des Namens oder Zusatzname

Bei der Produktvariation wird das bisherige Produkt vom Markt genommen und durch ein neues ersetzt.

Produktdifferenzierung
Ausweitung eines Produktes in mehrere Produktvarianten und somit ein Wachsen der Angebotstiefe. Durch die Varianten des Basisprodukts lassen sich unterschiedliche Kundenwünsche befriedigen.
Fallbeispiel:
- Unterschiedliche Verpackungsgrößen
- Unterschiedliche Produkteigenschaften (fest, flüssig)
- Unterschiedliche Farben

Produktdiversifikation
Neue Produkte für einen bisher noch nicht bearbeiteten Markt werden in das Produktangebot aufgenommen.
Unterschieden wird in horizontale, vertikale und laterale Diversifikation.
Fallbeispiel:
- Aufnahme von Milchprodukten
- Kauf einer Molkerei
- Angebot von Fitnessgeräten

1.3 Produktelimination
- Unter Produktelimination versteht man die Entfernung eines Produktes aus dem Angebot des Unternehmens. Kriterien für eine Produktelimination:
- Nicht erfolgreiche Neueinführung (Flop)
- Zu geringer Gewinnbeitrag eines Produkts

- Verlustbringende Produkte
- Veraltete Produkte
- Produkte, die den gesetzlichen Vorschriften nicht mehr entsprechen (z.b. Lebensmittelgesetz)
- Änderung der Kundenanforderungen
- Mangelnde Kompatibilität zum Image

Argumente gegen die Eliminierung von Produkten:
- keine alternative Verwendung der frei werdenden Kapazitäten
- Erfüllung von Lieferverträgen
- Unzureichende Marktreife des Nachfolgeprodukts
- Negative Folgen für den Sortimentsverbund
- Negative Auswirkungen auf das Unternehmensimage

1.4 Der Massentourismus, die neuen Kommunikationsmöglichkeiten, die weltweite Ausstrahlung von Fernsehsendungen und die zunehmende Internationalisierung des Warenaustausches haben zu einer weltweiten „Vereinheitlichung der Verbraucherwünsche" geführt.

Durch diese vielseitigen, Ländergrenzen überwindenden Kontakte werden nationale Einstellungen und Konsummuster „aufgeweicht" und durch länderübergreifende gültige Einstellungen abgelöst. Aufgrund dieser Konvergenz von Wünschen und Bedürfnissen verlieren national und regional bedingte Präferenzen in bezug auf Produktgestaltung, kommunikative Ansprache usw. an Bedeutung.

Diese Tendenz besagt nicht, daß keine unterschiedlichen Verbraucherbedürfnisse mehr bestehen, also eine Marktsegmentierung überflüssig wäre. Sie besagt hingegen, daß ein Marktsegment A – mit genau der gleichen Verbraucherstruktur – heute in vielen Ländern anzutreffen ist (z.B. Coca-Cola-, Levi-Strauß-, Marlboro-Konsumenten). Das bisher noch weitgehend vorherrschende Land-zu-Land-Denken, kann also von einer länderübergreifenden Marketing-Konzeption (gleiches Produkt, gleicher Markenname, gleiche kommunikative Ansprache usw.) abgelöst werden.

Das globale Marketing richtet sich also durchaus an speziellen Marktsegmenten aus, nutzt aber die Vorteile der „economies of scale" durch Fertigung großer Lose, Vereinheitlichung der Information oder Nutzung gleicher Vertriebswege.

1.5 Ein Markenartikel ist gekennzeichnet durch:
- Markenname
- Markenzeichen
- Markendesign
- Gleichbleibende oder verbesserte Produktqualität
- Verfügbarkeit in einem größeren Absatzraum
- Verbraucherwerbung

Preispolitik

2.1 Kriterien der nachfrageorientierten Preispolitik:

a) Struktur der Nachfrageseite (Anzahl der Nachfrager, Typologien, Bedeutung, Substituierbarkeit des Produkts, Elastizitäten)

b) Preisvorstellungen der Nachfrager
Der Vergleich von Produkten gleicher Gattung führt dazu, dass der Verbraucher gewisse Vorstellungen davon bekommt, was ein Produkt kosten darf. Diese Preisvorstellungen hängen insbesondere von dem Nutzen ab, den das Produkt für ihn stiftet.

c) Preisbereitschaft der Nachfrager
Entsprechend seiner Preisvorstellungen und Kaufkraft sowie der Dringlichkeit seines Bedarfs ist der Nachfrager bereit, einen bestimmten Preis zu bezahlen.

d) Preisklassen der Nachfrager

Die Preisvorstellungen und Preisbereitschaft der Nachfrager sind auf bestimmte Preisklassen (untere, mittlere, gehobene) verteilt.

e) Einfluss von Qualität und Image

Häufig richtet der Nachfrager seine Beurteilung des Produktes am Image des Herstellers aus, weil ihm Sachkenntnis, Information usw. für die Beurteilung der Qualität fehlt.

Preisführerschaft

Als Preisführer bezeichnet man einen Anbieter, dem sich bei Preisänderungen die übrigen Anbieter anschließen. Er tritt meist im Oligopol auf. Man unterscheidet zwischen dominierender und barometrischer Preisführerschaft. Dominierende Preisführerschaft liegt vor, wenn sich die Wettbewerber an dem preispolitischen Verhalten eines marktbeherrschenden Anbieters orientieren.

Bei barometrischer Preisführerschaft passen sich die Wettbewerber freiwillig an den Preisführer an.

2.3 Rabattarten

a) Funktionsrabatte = Rabatte, die für die Übernahme bestimmter Funktionen beim Absatz an Handel und Konsumenten gewährt werden.

Beispiele:

- Großhandelsrabatt
- Einzelhandelsrabatt
- Barzahlungsrabatt (Skonto)
- Abholrabatt

b) Mengenrabatte = Rabatte, die für die Abnahme größerer Mengen gewährt werden.

Beispiele:

- Rabatte für Stückzahlen
- Jahresboni
- Sammelauftrag

c) Zeitrabatte
   Beispiele:
   - Einführungsrabatt
   - Aktionsrabatt
   - Saisonrabatt
   - Frühbezugsrabatt
d) Treuerabatte = Rabatte zur Aufrechterhaltung einer längerfristigen Geschäftsbeziehung.

Für die Einführung der Produktfamilie „Greif Zu" könnten dem Lebensmitteleinzelhändler spezielle Einführungsrabatte für die Aufnahme ins Sortiment gegeben werden. Des weiteren kämen Mengenrabatte, Barzahlungsrabatte und auch Aktionsrabatte in Frage.

Distributionspolitik

3.1.1 Pull- und Push-Strategie
Der Hersteller bewirkt mittels Produktwerbung beim Verbraucher einen Nachfragesog. Dies führt zur Nachfrage der Verbraucher im Handel. Der Handel wiederum will diese Kundennachfrage befriedigen und bestellt beim Hersteller diese nachgefragten Produkte. Eine weitere Bezeichnung für diese Vorgehensweise ist „soft selling".

Push-Strategie: Der Hersteller verkauft mittels Mechandising-Maßnahmen in den Handel hinein und übt somit einen „Lagerdruck" aus. Der Handel wiederum muss sein volles Lager absetzen und übt somit seinerseits Angebotsdruck in Richtung Nachfrager aus. Diese Vorgehensweise ist auch als „hard selling" zu bezeichnen.

3.1.2
Da die Distribution durch eigene Verkaufsorganisationen ausschließlich über den Lebensmitteleinzelhandel erfolgen soll, bietet sich die Push-Strategie an. Durch unterstützende Maßnahmen, wie z.B. Rabatte und

andere verkaufsfördernde Maßnahmen kann der Handel dazu bewegt werden, die Produkte aufzunehmen.

3.2
Beim Franchising erhält der rechtlich selbständige Franchisenehmer vom Franchisegeber die Genehmigung gegen Entgeld und Gewährung von Kontrollmöglichkeiten
* bestimmte Waren zu erzeugen und/oder zu vertreiben
* ein Markenzeichen zu benutzen
* bestimmte Produktionsverfahren und/oder Rezepturen anzuwenden

Außenstehenden Dritten erscheint der Betrieb des Franchisenehmers wie ein Filialbetrieb des Franchisegebers. Der Franchisegeber verpflichtet sich, die für den Absatz der Waren oder Dienstleistungen erforderlichen Kenntnisse, Erfahrungen und „Betriebsgeheimnisse" (know-how) zur Verfügung zu stellen und den Franchisenehmer zu unterstützen und zu beraten. Dafür zahlt der Franchisenehmer eine am Umsatz, am Absatz oder am Gewinn ausgerichtete Gebühr.

Die wichtigsten Vorteile für den Franchisegeber:
* schnelle Expansion
* Vermeidung hoher Fixkosten
* Kontrollmöglichkeiten des Absatzsystems
* kein großer Kapitalbedarf
* keine Haftung für Verluste des Franchisenehmers
* verkaufsabhängige Einnahmen

Die wichtigsten Vorteile des Franchisenehmers:
* weitgehende Selbständigkeit im Rahmen des Vertrages
* Unterstützung und Beratung in der Betriebsführung
* Teilhabe am Image des Franchisegebers
* die abzuführenden Gebühren sind variable Kosten

Kommunikationspolitisches Konzept

4.1

Werbung verfolgt generell das Oberziel, möglichst viele Verbraucher einer Zielgruppe zum Kauf eines bestimmten Produktes oder einer Produktgruppe anzuregen. Hieraus lassen sich Unterziele ableiten, deren jeweilige Erfüllung einen Beitrag zum Erreichen des Oberzieles leistet.

Für „Greif Zu" – als Neuprodukt-Familie – bedeutet dies, daß die Werbung die Verbraucher zuerst mit den Produkten bekanntmachen müßte. Durch die Schilderung der Produktvorteile sollten die Verbraucher zum Kauf motiviert werden. Die Werbebotschaft müßte so gestaltet sein, daß sich die Verbraucher darin wiedererkennen können und durch den Kauf Bestätigung finden. Diese innerliche Überzeugung von den Produktvorteilen soll dahin führen, das Produkt anderen Verbrauchern weiter zu empfehlen und somit zum Kauf anzuregen.

Durch das Erreichen der Werbeziele „Bekanntheit", „Kaufmotivation", „Bestätigung" und „Überzeugung" soll das Oberziel „Absatz" realisiert werden.

4.2

Der Inhalt der Werbebotschaft soll sich an dem angestrebten Werbeziel orientieren. Soll z. B. der Bekanntheitsgrad einer Marke erhöht werden, wo wird die Aussage über das Werbeobjekt eine andere sein, als wenn die negative Einstellung einer Zielgruppe zu diesem Werbeobjekt verändert werden soll.

Allgemein kann gesagt werden, daß an die Werbebotschaft folgende Forderungen zu stellen sind:

- die Botschaft muß einen Anspruch an die Zielgruppen übermitteln
- der Anspruch sollte einzigartig sein, er sollte also von den Wettbewerbern nicht erhoben werden oder erhoben werden können
- der Anspruch sollte so eindrucksvoll, so überzeugend sein, daß
  - er das Bewußtsein (Wissensstand, Bekanntheitsgrad, Verständnis) der Zielgruppe ändert

- er die Einstellung der Zielgruppe festigt oder verändert
- er zur Verhaltensänderung der Zielgruppe beiträgt

Die Werbebotschaft sollte somit zwei Kriterien erfüllen:
- die Differenzierung (zur Konkurrenz)
- die Relevanz (für die Zielgruppe)

Werbebotschaft im Fall „Greif Zu":
- Möglichkeit der Kalorienersparnis bei gleichzeitig hohem Geschmacksniveau
- Kein Diätmittel für Kranke, sondern vielmehr sollte die Werbung die Produkte als völlig normale Lebensmittel darstellen, die in der Lage sind, einen Beitrag zur Lösung von Gewichtsproblemen zu leisten
- Schlanksein ohne Mühen und Genussverzicht

4.3
Da das Produkt zuerst auf einem Testmarkt eingeführt werden soll, kämen hier Fernsehwerbung und Rundfunk-Spots sowie Illustriertenanzeigen nicht in Frage. Die Streuverluste wären zu groß und würden die Grenzen der Teststädte um ein Vielfaches überschreiten. Außerdem muß eine große Reichweite teuer bezahlt werden, was zu unangemessen hohen Kosten führt. Als Testmarkt-Werbmittel bieten sich an:
- Anzeigen in regionalen Tageszeitungen
- Tageszeitungsbeilagen
- Lesemappenaufkleber
- Folienaufkleber für Verkehrsmittel

4.4
Eine günstige Terminwahl wäre das Frühjahr, da dieser Termin für die Beseitigung von Figurproblemen einen besonderen Stellenwert besitzt. In dieser sogenannten slimming-aktiven Zeit ist die Bereitschaft der Verbraucher am größten, vom Markt angebotene Problemlösungen zu testen.

Weitere günstige Termine sind September/Oktober sowie die Zeit nach Weihnachten und Neujahr. Der Herbst ist die Jahreszeit, in der die in den Sommermonaten festgestellten Figurdefizite korrigiert werden möchten. Die Zeit nach Weihnachten, die ohnehin als Zeit des übermäßigen Nahrungsmittelkonsums bekannt ist, bietet kalorienreduzierten Lebensmitteln gute Verkaufschancen, da deren Konsum das schlechte Gewissen infolge ausgiebiger Essensfreuden zu mildern vermag.

4.5
Endverbrauchergerichtete Verkaufsförderungsmaßnahmen:
- Produktproben in Testgeschäften
- Spezielle Verkaufsregale, die den Kunden in übersichtlicher Weise die neuen Produkte vorstellen
- Informationsbroschüren

Um Verbraucher von der Geschmacksqualität kalorienreduzierter Lebensmittel zu überzeugen, genügt die normale Werbung nicht. Geschmack ist schwer im Kopf vorstellbar, sondern sollte mit den Sinnen, speziell olfaktorisch erfahren werden. Aus diesem Grund sollten die Geschmacksvorteile in Form einer Verkostung am „point of sale" dargestellt werden.

4.6
Verkaufsförderungsmittel für den Handel:
- Angebotsplakate
- Regalstopper
- Aufsteckbare Hinweisschilder für das Verkaufsregal
- Regalschienenstreifen
- Tragetaschen
- Preisschilder

4.7
Maßnahmen der Öffentlichkeitsarbeit
- Presseinformationen über die Schlankmacherwirkung dieser Produkte
- Vortragsveranstaltungen für Kunden und Interessenten
- Herausgabe einer speziellen Kundenzeitschrift über kalorienarme Lebensmittel
- Interviews in Presse und Fernsehen
- Internetauftritte zur Präsentation der Produkte

Marketingfachkaufmann / -frau werden

Lösung Fallstudie II

1. Strategiefindung

Marktdurchdringungsstrategie
Durch Intensivierung der Marketingaktivitäten für bereits vorhandene Produkte und Leistungen soll eine weitere Durchdringung des Marktes erfolgen. Dies lässt sich zum Beispiel erreichen durch:
- Verstärkung der kommunikationspolitischen Maßnahmen wie Werbung, Verkaufsförderung, Öffentlichkeitsarbeit und des pers. Verkaufs.
- Gewinnung der Kunden von Mitbewerbern
- Erschließung neuer Verwendungsmöglichkeiten bei vorh. Abnehmern
- Gewinnung von Nichtverwendern der angebotenen Produkte und Leistungen

Marktentwicklungsstrategie
Mit den bisherigen Produkten und Leistungen sollen neue Märkte erschlossen werden, wie zum Beispiel:
- Verkauf der Produkte auf geographischen neuen Märkten
- Ausbau neuer Marktsegmente
- Gewinnung von neuen Absatzwegen und Abnehmern

Produktentwicklungsstrategie
Durch Aufnahme neuer Produkte und Leistungen sollen die bisherigen Märkte bzw. die bereits vorhandenen Kundengruppen bearbeitet werden. Die kann entweder durch Produktinnovation oder durch Produktdifferenzierung geschehen.

Diversifikationsstrategie
Hierbei versucht das Unternehmen neue Produkte und Leistungen in sein Programm aufzunehmen, die in einem bestimmten Zusammenhang mit dem bisherigen stehen. Im einzelnen lassen sich unterscheiden:

- Horizontale Diversifikation (Aufnahme neuer Produkte auf der gleichen Wirtschaftsstufe)
- Vertikale Diversifikation ((Ausdehnung der Tätigkeit auf vor- oder nachgelagerte Wirtschaftsstufen)
- Laterale Diversifikation ((Aufnahme eines andersartigen Produkts für einen neuen Wirtschaftsbereich)

Für die Heinrich Kahl GmbH bietet sich die Strategie der Marktdurchdringung, der Marktentwicklung und die Strategie der Diversifikation an. Da es sich um einen Großhändler handelt kommen Produktinnovation und Produktdifferenzierung nicht in Frage.

Im Rahmen der Marktdurchdringung könnte durch eine Verstärkung der kommunikationspolitischen Maßnahmen versucht werden, weitere Abnehmer zu gewinnen. Auch Kunden von Mitbewerbern könnten durch besondere Serviceangebote abgeworben werden.

Für die Markentwicklungsstrategie bietet sich eine Ausdehnung über die bisher bearbeiteten Gebiete an. (evtl. auch Ausland). Weiterhin könnte das Internet als neuer Absatzweg in Frage kommen. Als neue Abnehmer könnten weitere Gewerbetreibende aus der Bauwirtschaft gewonnen werden oder auch öffentliche Auftraggeber.

Horizontale Diversifikation könnte z.b. bedeuten, daß das Dienstleistungsangebot verstärkt wird. Des weitern könnten Diebstahlssicherungsprodukte, Klimatechniken, Energiesparmöglichkeiten, Heizungsanlagentechnik. usw. angeboten werden.

2.Produkt- und Sortimentpolitik

2.1.Portfolioanalyse

2.1.1 Situationsbeschreibung anhand des Portfolios

- Das strategische Geschäftsfeld „ Aluminium-Glasfassaden, Licht-dächer befindet sich in der Wachstumsphase. Das Marktwachstum ist hoch während der Marktanteil relativ gering ist. Zur Zeit erfordert dieses SGF hohe finanzielle Mittel.
- Das SGF „Aluminiumfenster und Eingangstüren" ist durch hohes Wachstum und durch hohen Marktanteil gekennzeichnet. Der Bedarf an finanziellen Mitteln ist zwar hoch, werden jedoch selbst erwirtschaftet.
- Das SGF Brand- und Rauchschutztüranlagen" befindet sich im Übergang von der Wachstumsphase zur Reifephase. Der relative Marktanteil ist hoch und es erwirtschaftet einen hohen cash flow.
- Das SGF „Sonnenschutzsysteme" befindet sich in der Rückgangs-und/oder Degenerationsphase. Es bringt gegenwärtig weder Gewinn noch Verluste.

2.1.2 Normstrategien

Aluminium-Glas-Fassaden u. Lichtdächer: Die geeignete Normstrategie wäre, den Marktanteil zu steigern, zu senken oder ganz auszuscheiden. Hierzu bedarf es noch genauerer und weiterer Analysen.

Aluminiumfenster und Eingangstüren: Die empfohlene Normstrategie besteht in einer Erhöhung bzw. in einer Stabilisierung des Marktanteils

Brand- und Rauchschutztüranlagen: Als Normstrategie empfiehlt es sich, den Marktanteil zu halten bzw. nur geringe Rückgänge in Kauf zu nehmen. Sonnenschutzsysteme: Aufgrund der Analyse empfiehlt sich eine Rückzugsstrategie bzw. die Aufgabe dieses Geschäftsfeldes.

2.1.3

- ABC-Analyse
- Produktlebenszyklus-Analyse

- Stärke-Schwächen-Analyse
- Kunden-, Konkurrenz-, Lieferantenanalyse
- Chancen-Risiken-Matrix

2.2 Elimination des Produktes „Sonnenschutzanlagen"

2.2.1 Kriterien
a) Quantitative Kriterien:
- sinkender Umsatz
- sinkender Marktanteil
- geringer Umsatzanteil
- sinkende Deckungsbeiträge
- sinkender Kapitalumschlag
- sinkende Rentabilität
- ungünstige Umsatz/Kosten-Relation
- hohe Beanspruchung knapper Ressourcen (z.B. Außendienst)

b) Qualitative Kriterien:
- Einführung von Konkurrenzprodukten
- Negativer Einfluß auf das Firmenimage
- Änderung der Bedarfsstruktur bisheriger Kunden
- Änderung gesetzlicher Vorschriften
- Technologische Veralterung

2.2.2 Risiken
- Es kann zu unangenehmen Folgewirkungen für die Firma Kahl kommen.
- Negative Imagewirkungen können bei den Kunden entstehen, die das Produkt Sonnenschutzsysteme für ein wichtiges Produkt halten und es im Zusammenhang mit anderen Produkten kaufen.
- Es können sich auch negative Verbundwirkungen für den Einkauf im Hinblick auf Rabatte ergeben.

- Die Mitbewerber erhalten durch die Eliminierung dieses Produkts eine bessere Marktstellung, was sich auch auf die anderen Produkte auswirken kann.
- Des weiteren müssen die dadurch frei gewordenen Ressourcen (Filialen, Mitarbeiter)anderweitig genutzt werden.

2.3. Lieferbedingungen

2.3.1 Die Lieferbedingungen beinhalten:
- Lieferbereitschaft
- Lieferzeit
- Lieferart
- Umtausch- und Rücktrittsmöglichkeiten

2.3.2 Maßnahmen:
Die Heinrich Kahl GmbH kann die Lieferbereitschaft dadurch steigern, indem sie schnell und in größerem Umfang auf Lieferwünsche reagiert und eine gelieferte Produktqualität sicherstellt, indem die Produkte in einwandfreiem Zustand den Kunden erreichen.

Die Lieferzeit spielt vor allem dann eine Rolle, wenn es um Aufträge geht, die zu einem bestimmten Zeitpunkt abgewickelt sein müssen. Oft bekommt derjenige Lieferant den Auftrag, der früher liefern kann, obwohl er höhere Preise hat. Auch bei der Vereinbarung von Konventionalstrafen spielt die Lieferzeit eine wichtige Rolle.

Unter der Lieferart wird der Weg verstanden, auf dem das Produkt zum Käufer gelangt. Dabei soll vor allem nach Transportmitteln unterschieden werden und ob der Lieferant oder der Käufer die Kosten trägt.

Umtausch und Rücktrittsmöglichkeiten erzeugen beim Kunden eine gewisse Sicherheit.

2.3.3 Bedeutung der Lieferbedingungen
Die Lieferbedingungen einer Unternehmung wirken sich unmittelbar auf den Absatz aus. Sie schaffen bei richtiger Ausgestaltung Präferenzen beim

Kunden. So kann sich das Unternehmen durch Schnelligkeit und Zuverlässigkeit gegenüber den Wettbewerbern profilieren. So stellt die Gestaltung der Lieferbedingungen ein wichtiges Instrument der Marketingpolitik dar.

Distributionspolitik

3.1 Probleme und Entwicklungstendenzen

Die Anzahl der Großhandelsbetriebe nimmt ab. Großhandelsbetriebe werden ausgeschaltet, wenn ihre Tätigkeit bei Absatzmittlung zu teuer oder als überflüssig angesehen wird. An ihre Stelle tritt der direkte Absatz durch den Hersteller oder genossenschaftlicher bzw. gemeinschaftlicher Einkauf der Wiederverkäufer beim Hersteller.

Ein weiterer Entwicklungstrend im Großhandel zeigt sich in der Suche nach neuen Betriebsformen wie z.b. Cash & Carry-Großhändler und Rack Jobber. Auch Kooperationsmöglichkeiten wie z.B. mit dem Einzelhandel in freiwilligen Ketten, B2B und e-commerce.

Vorschläge: Die Fa. Kahl könnte der Entwicklung durch ein erweitertes individuelles Serviceangebot für ihre Kunden entgegenwirken. Auch Schulungsmaßnahmen der Abnehmer wären eine Möglichkeit. Zudem wäre auch ein sachkundiger Außendienst zur Betreuung der Kunden möglich.

Das Angebot einer Freihauslieferung würde auch dieser Entwicklung entgegenwirken.

Die Gewährung von Krediten bzw. Zahlungszielen wären eine weitere Möglichkeit den cash and carry-Händlern zu begegnen, welche häufig Barzahlung oder Zahlung mit bankbestätigtem Scheck fordern.

3.2 Sortiments- und Spezialgroßhandel

Der Sortimentsgroßhandel, auch Vielerleiwaren-Großhandel genannt, weist breite, in der Regel auch tiefe Sortimente auf. Die Sortimente im Spezialgroßhandel sind dagegen schmal und sehr tief. Zu unterscheiden sind beim Spezialgroßhandel Einwaren- und Warengruppengroßhandel: Der Einwarengroßhandel ist spezialisiert auf eine Warenart mit vielen Sorten und Artikeln (z.B. Schrauben o.ä.), der Warengruppengroßhandel ist spezialisiert auf eine beschränkte Anzahl von Warenarten; das Sortiment kann sowohl am Material (im Fall Eisen), oder an einem bestimmten Bedarf orientiert sein.

Die Betriebsform der Fa. Kahl ist dem Spezialgroßhandel zuzuordnen, da er ein schmales und tiefes Sortiment bietet. Des weiteren wird ein hohes Dienstleistungsniveau angeboten.

3.3 Reisende oder Handelsvertreter

Kriterium	Reisende	Handelsvertreter
Vertragliche Bindung	Unselbständig, stark weisungsgebunden	Selbständig, grundsätzlich nicht weisungsgebunden
Entlohnung	Gehalt, evtl. Provision/Prämie	Nur Provision
Zusätzliche Kosten	Kfz-Kosten, Tagegelder, Sozialleistungen, Telefon-, Büro-, Übernachtungskoten	Evtl. aus Vertrag, z.b. garantiertes Einkommen
Kostencharakter	Größtenteils fix	Fast nur variabel
Motivation	Fixum und fester Arbeitsplatz können zu geringerer Leistungsbereitschaft führen	Hohe Motivation durch leistungsabhängige Vergütung
Kundenbearbeitung	Weitgehend nach Vorgabe durch die Verkaufsleitung	Nach eigener Entscheidung in Abstimmung mit der Verkaufskonzeption des Unternehmens
Fachkenntnis	Spezifische Produktkenntnisse	Weniger spezifische Kenntnisse, da verschiedene Unternehmen/Produkte
Arbeitsweise	Weitgehend unternehmensorientiert	Unternehmens- und einkommensorientiert
Steuerung	Strategische Stoßrichtung wegen strikter Weisungsgebundenheit gut durchsetzbar	Nur begrenzte Steuerungsmöglichkeit
Kündigung	Wie bei jedem Angestellten	Sonderregelung, evtl. Ausgleichsanspruch nach § 89 HGB
Fluktuation	Hoch, da oft nur Karrieresprungbrett	Äußerst niedrig, da hohes Interesse an langfristiger Bindung

3.4 Entlohnung der Verkäufer im Außendienst

a.) Gehalt (erhält der Verkäufer, unabhängig von Umsatz und Absatz)

b.) Provision (hängt von der Leistung, z.b. vom Umsatz ab)

c.) Prämien (für besondere Leistung, z.b. Verkaufsvorgabe 10 Stück, verkauft wurden aber 20 Stück)

4. Kontrahierungspolitik

4.1 Anlässe für eine Änderung der Preispolitik. Preispolitische Überlegungen stehen immer dann an,

- wenn Produkte geändert werden und sich Kosten und/oder Qualitätsbedingungen verändert haben (Preisanpassungen)
- wenn ein neues Produkt auf den Markt kommt (Markteinführungspreis
- wenn neue regionale Märkte erschlossen werden sollen (Verhinderung von Re-Importen)
- wenn sich ökonomische Entscheidungsparameter ändern (Marktpreisniveau, Rohstoffkosten, Preiserwartungen von Kunden etc.)
- wenn über den Preis gezielt Wettbewerbsangriffe gefahren werden sollen oder auf Wettbewerbsangriffe reagiert werden muß.
- Wenn temporär der Absatz gefördert werden soll (Sonderangebotspreise, Kampagnenpreise).

4.2 Erweiterte Rabattpolitik

4.2.1 Begriff und Bedeutung

Unter Rabattpolitik versteht man die Gewährung von Preisnachlässen, die für bestimmte Leistungen des Abnehmers gewährt werden und mit dem Produkt in einem bestimmten Zusammenhang stehen. Rabatte können als Naturalrabatt (Warenrabatt) oder Geldrabatt gewährt werden.

Hiermit wird versucht, mit einer Art Feinabstimmung gegenüber dem groben Instrument des Preises bei Abnehmer aquisitatorische Wirkungen zu erzielen. Die betriebliche Rabattpolitik setzt das Instrument der Rabatte gezielt als Instrument bei der Erreichung betriebswirtschaftlicher Ziele ein. So wird der Preis an die individuelle Besonderheit des Anbieter-Abnehmer-Verhältnisses angepaßt. Rabattpolitik kann im Rahmen des Marketings weitere Wettbewerbsvorteile schaffen.

4.2.2 Rabattarten der Fa. Kahl:

Im Rahmen der Funktionsrabatte besteht die Möglichkeit, den Abnehmern Barzahlungsrabatte oder Skonti zu gewähren. So werden die Abnehmer zum einen zu einem Verzicht auf die Kreditfunktion des Lieferanten veranlaßt und zum anderen erhöht sich die Wettbewerbsfähigkeit gegenüber anderen Anbietern.

Über Mengenrabatte können die Abnehmer motiviert werden, größere Mengen des Produktes zu kaufen. Möglich wäre hier auch ein Jahresbonus (Rückvergütung für den Jahresumsatz) oder Rabatte für einen Sammelauftrag. (Zusammenfassung von Kleinbestellungen)

Auch über Zeitrabatte, wie z.B. dem Aktions- oder Saisonrabatt läßt sich der Absatz von den Produkten der Fa. Kahl in einem bestimmten, vor allem in verkaufsschwachen Zeiträumen steigern. Dies entlastet auch die Lagerhaltung.

4.3 Preispolitische Begriffe

a.) Zahlungsbedingungen: Die Zahlungsbedingungen regeln, auf welche Art und Weise die gekauften Waren vom Käufer bezahlt werden. Sie enthalten in der Regel die Zahlungsart und –frist (Barzahlung, Zahlungsziel, Teilzahlung, Skonto usw.) und die Zahlungsabwicklung und –sicherung.

b.) Valuta ist die Einräumung eines verlängerten Zahlungszieles und hat keine den Netto-Rechnungsbetrag berührenden Konsequenzen. Es handelt sich um eine Sonderform der Absatzfinanzierung.

c.) Zuschlagskalkulation: Die Zuschlagskalkulation ist ein Kalkulationsverfahren, das bei der Einzelfertigung und bei der Kleinserienfertigung angewendet wird. Sie die gesamten Gemeinkosten mit Hilfe eines einzigen Schlüssels auf die Kostenträger zu verteilen, so spricht man von der summarischen Zuschlagskalkulation. Bei der verfeinerten Zuschlagskalkulation werden für die Kostenbereiche Material, Fertigung, Verwaltung und Vertrieb die Gemeinkosten ermittelt und getrennt mit Hilde eines oder mehrerer Schlüssel den einzelnen Produkten zugerechnet.

d.) Handelsspanne: Diese umfaßt die Differenz zwischen dem vom Absatzmittler bei Abverkauf erhaltenen Endverbraucherpreis und dem vom Hersteller fixierten Handelsabgabepreis. Ja nach eingeschalteten Absatzmittlern (Fachhandel, Discounter etc.) bestehen genaue Vorstellungen über die branchenüblichen Handelsspannen.

4.4 Preiselastizität der Nachfrage

4.4.1 Begriff: Als Preiselastizität der Nachfrage bezeichnet man das Verhältnis zwischen der relativen Änderung der mengenmäßigen Nachfrage nach einem Produkt und der sie bewirkenden relativen Änderung des Preises dieses Produktes.

4.4.2 Interpretation der Elastizitäten

$e = 0 \rightarrow$ Die Nachfrage ist vollkommen unelastisch (starr), d.h. auf eine Preisänderung, unabhängig von der Höhe, erfolgt keine Reaktion der Menge.

$e = 1 \rightarrow$ Der Umsatz als Produkt aus neuem Preis und abgesetzter Menge bleibt unverändert.

$e = < 1 \rightarrow$ Die Nachfrage ist unelastisch. Bei einer Preiserhöhung sinkt der Umsatz nur geringfügig. Bei einer Preissenkung steigt der Umsatz nur geringfügig.

e= > 1 → Die Nachfrage ist elastisch. Bei einer Preiserhöhung sinkt der Umsatz deutlich. Bei einer Preissenkung steigt der Umsatz deutlich

5. Kommunikationspolitik

5.1 Mehrstufiger Kommunikationsprozeß

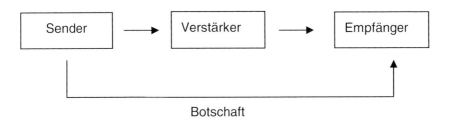

Botschaft

Wer (Kahl = Sender)
Sagt was (Botschaft)
Zu wem (Zielgruppe, z.b. Architekten, Handwerksbetriebe usw.)
Über welchen Kanal (Fachzeitschriften, Besuch von Reisenden, Messen)
Mit welcher Wirkung (ökonomischer Erfolgt)

5.2 Unternehmensbriefing
- Unternehmensdaten (Ziele, Marktstellung, Image, Leistungsfähigkeit, Probleme)
- Marktdaten (Marktanteil, Marktentwicklung, Wettbewerb, Käufer)
- Werbeziele (Konkrete Werbeziele, Zielgruppen, bisherige Werbeaktivitäten, Werbeaktivitäten der Konkurrenz)
- Produktdaten (Eigenschaften, Positionierung, Image, Verwendung, Bekanntheitsgrad, Besonderheiten)
- Budgetrahmen (Budgetvorgabe)
- Zeitplan

5.3 Direktwerbung

5.3.1 Begriff: Unter Direktwerbung wird die unmittelbare und individuelle Ansprache von Zielpersonen verstanden. Diese haben die Möglichkeit, direkt zu reagieren.

5.3.2: Hauptziele:
- Direkter Kontakt zum Abnehmer
- Ein Einzelangebot anzubieten, ohne daß ein sofortiger Vergleich oder Kontakt mit Konkurrenzprodukten erfolgen kann.
- Erreichung einer höheren Aufmerksamkeit als bei der klassischen Massenwerbung
- Dem Abnehmer das Gefühl der individuellen Ansprache zu vermitteln.

5.3.3 Quellen für Anschriften möglicher Kunden:
- eigene Kundenkartei – Ansprechen „alter Kunden"
- abgelehnte Angebote
- Telefon- und Branchenverzeichnisse, Messekataloge
- Bautennachweise
- Adressenverlage

5.4 Maßnahmen der Verkaufsförderung

a.) Training
- Mitarbeiterschulungen, die den allgemeinen Bildungsstand der Innen- u. Außendienstmitarbeiter heben.
- Kenntnisse der Mitarbeiter über das Unternehmen, die Produkte, den Markt usw. verbessern
- Verbesserung der aquisitatorischen Fähigkeiten wie z.B. Verkaufsgesprächsführung, Sprechtechnik, Auftreten und Kundenbehandlung.
b.) Unterstützung

- Ausstattung der Außendienstmitarbeiter mit Preislisten, Referenzlisten, Katalogen, Prospekten, Veröffentlichungen, Fachaufsätzen in Fachzeitschriften.
- Ebenso können Verkaufshandbücher, die alle wichtigen Daten enthalten, zu der Effizienz der Verkaufsbemühungen beitragen
- Laptops, CD-ROM´s und Videos helfen bei der außendienstlichen Tätigkeit

c.) Motivation

- Gestaltung des Vergütungssystems durch Provisionen und Prämiensystem.
- Aktions- und Verkaufsförderwettbewerbe
- Verkaufstreffen bei denen über neue Produkte und neue Verkaufstechniken berichtet wird sind als Verkaufsförderungsmaßnahme zu betrachten.

5.5 Festlegung des Werbeetats

a.) Die ausgabenorientierte Methode: Bei der Festlegung des Werbeetats sind die vorhandenen finanziellen Mittel zu Beginn der Werbeperiode ausschlaggebend. Die Höhe ergibt sich aus dem Gewinn der abgelaufenen Periode. Nachteile:

- Nicht berücksichtigt werden das Ziel der Periode (Umsatz, Gewinn)
- nicht alle Instrumente des Marketing-Mix finden Berücksichtigung
- prozyklische Wirkung
- Verstärkung von Nachfrageschwankungen

b.) Die Prozentsatz-von...Methode: Der Werbeetat wird in Prozentanteilen des vergangenen, des künftigen oder eines arithmetischen Durchschnitts der Umsätze festgelegt. Nachteile:

- Die Gewinnsituation wird nicht berücksichtigt
- Mit dieser Methode kann eine ziel- und gewinnoptimale Kombination der Werbeausgaben nicht erreicht werden.

c.) Die konkurrenzorientierte Methode: Die Festlegung des Werbeetats orientiert sich an den Gepflogenheiten der Konkurrenz.

Nachteile:

- Spezifische Situation des eigenen Unternehmens wird völlig vernachlässigt.
- Marktlage und Liquiditätssituation bleibt unberücksichtigt.

d.) Die Ziel- und Aufgaben-Methode: Die Höhe des Werbeetats wird nach den angestrebten Werbezielen festgelegt. Als Nebenbedingungen werden hierbei die finanzielle Situation und die Konkurrenzsituation berücksichtigt. Hat die geringsten Nachteile, außer dass eine genaue Festlegung der Werbeziele im Rahmen der Marketingziele unbedingt erforderlich ist.

5.6 Corporate Identity-Konzepte setzen sich in der Regel aus folgenden Teilkonzepten zusammen:

Corporate Design
Die visuell-formale Gestaltung der Firmenpersönlichkeit, wie z.B. Firmennamen, Logo, Firmenzeichen, Farben, Schrift, Fahrzeugbeschriftung usw. Beispiele für Kahl:

- Überarbeitung des Logos
- Fahrzeugbeschriftung
- Internetauftritt
- Arbeitskleidung für Mitarbeiter

Corporate Communications
Hiermit wird versucht durch alle Kommunikationsaktivitäten das Unternehmensspezifische sichtbar zu machen. Dabei werden oft wiederholt bestimmte Aussagen verwendet. Beispiele für Kahl:

- Kundenzeitschriften
- Slogan
- Broschüren
- Plakate

Corporate Behavior
Darunter wird das Verhalten des Unternehmens auf verschiedenen Märkten (Absatz- u. Beschaffungsmarkt) als auch im Unternehmen selbst verstanden.

Beispiele für Kahl:
- Verhaltens- und Vorbildkodex für Mitarbeiter, wenn sie in der Öffentlichkeit als Repräsentanten des Unternehmens erkannt werden
- Anweisungen für Messeauftritte
- usw.

Projekt- und Produktmanagement im Marketing

6.1

Quantitative Marketingziele	*Qualitative Marketingziele*
- Umsatz	- Bekanntheitsgrad
- Gewinn	- Image
- Wachstum	- Vertrauen
- Marktanteil	- Qualität
- Kosten	- Zuverlässigkeit
- Marktführerschaft	- Corporate Identity

Für eine Erreichung der Marketingziele ist eine präzise und messbare Formulierung der Marketingziele hinsichtlich Zielinhalt, Zielausmaß und Zielperiode notwendig.

6.2
6.2.1 Ein profit center ist ein Bereich, der nach der Gleichartigkeit von Objekten (Abrechnungseinheiten) gebildet wird. Als Abrechnungseinheiten kommen Produkte, Kunden oder Verkaufsregionen in Frage. Für eine Abrechnungseinheit kann der Saldo aus erbrachter Leistung (= Deckungsbeitrag) und den dabei verursachten Kosten errechnet werden.

Es entsteht eine Leistungsstelle, die vom Leiter des profit centers selbständig geführt und auf die besonderen Erfordernisse seiner Sparte ausgerichtet wird. In seiner konsequenten Form weist das profit center alle wichtigen Funktionalbereiche (Personal, Rechnungswesen, Lager, Verkauf etc.) auf.

6.2.2
Vorteile

- flexibles Steuerungsinstrument (geringer Aufwand bei der Koordination der Funktionen)
- fördert unternehmerisches Denken
- Mitarbeiter zeigen mehr Eigenverantwortung
- weckt Kostenbewusstsein
- langfristig wird die Ausrichtung des Sortiments auf deckungsbetragsstarke Produkte forciert.
- innerhalb des Bereichs schnellere Anpassung an Veränderungen
- Entscheidungen werden gezielt für den Bereich getroffen; keine
- Vermischung mit Gesichtspunkten aus anderen Bereichen.

Nachteile:

- Bereichsleiter konzentrieren sich zu stark auf ihren Bereich; der Blick über den Tellerrand geht verloren
- Gefahr der Doppelarbeit, wenn Funktionen in den einzelnen Sparten bzw. Profit-Centern ausgeübt werden
- Grundlegende betriebswirtschaftliche Kenntnisse der Mitarbeiter notwendig, um das aufwendige System zu verstehen
- Komplexer Abrechnungsmodus
- Aufwendige Buchungen
- Legt Kostenstrukturen des Unternehmens offen – das kann manchen Mitarbeitern unangenehm sein!

6.3

6.3.1 Deckungsbeitragsrechnung

Umsatz (2.198 x 222.000)	487.956.000
-variable Kosten (1.478 x 222.000)	328.116.000
Deckungsbeitrag 1	159.840.000
-Produktionsfixkosten	35.000.000
Deckungsbeitrag 2	124.840.000
- Marketingfixkosten	22.000.000
Deckungsbeitrag 3	102.840.000
Sonst. Unternehmensfixkosten	87.000.000
Gewinn:	15.840.000

6.3.2 Der Break-Even-Point

BEP nach Umsatz:

1. Schritt: Deckungsbeitrag 1 : Umsatz x 100

= 159.840 : 487.956.000 x 100 = 32,75 %

2. Schritt: Summe der Fixkosten

```
   35.000.000
+  22.000.000
+  87.000.000
= 144.000.000
```

3. Schritt:

Fixkosten : Deckungsbeitrag in %

144.000.000 : 32,75 % = 439.695.000

Der BEP nach Umsatz wird bei einem Umsatz von 439.695.000   erreicht.

BEP nach Absatz:

Fixkosten : Deckungsbeitrag pro Stück

144.000.000 : 720 = 200.000 Stück

Der BEP nach Absatz wird bei einem Absatz von 200.000 Stück erreicht.

6.3.3 Die kurzfristige Preisuntergrenze entspricht den variablen Stückkosten, da diese auch kurzfristig gedeckt werden müssen. Diese betragen 1.478 . Bei dem Preis wird also noch kein Deckungs beitrag erwirtschaftet.

6.3.4 ROI und Pay-off-Periode
a.) ROI = Gewinn : (Anlagevermögen + Umlaufvermögen) x 100
15.840.000 : 53.800.000 x 100 = 29,4 %.
Der ROI (Return on Investment) gibt die Verzinsung des eingesetzten Kapitals wider.

b) Pay-off-Periode:
Investition : Cash Flow (hier definiert als Gewinn + AfA)
12.000.000 : (15.840.000 + 1.2000.000)
= 12.000.000 : 17.040.000 = 0,7 Jahre

6.3.5 Mindeststückzahl bei vorgegebenem Gewinn
Die Fixkosten belaufen sich insgesamt auf 144.000 .
Der Deckungsbeitrag I pro Stück beläuft sich auf: 2.198 – 1.478 = 720 .
Die Summe aus Fixkosten und Gewinn beläuft sich auf
144.000.000 + 25.000.000 = 169.000.000
Demgemäß müssen 169.000.000 : 720 = 234.723 Stück verkauft werden!

6.4

Umsatzerlöse
- Rabatte, Skonti, sonstige Preisnachlässe
= Nettoumsatzerlöse
- Wareneinsatz (Materialeinzelkosten)
= Rohertrag
- variable Produktionskosten (Fertigungseinzelkosten)
Deckungsbeitrag I *
- dem Kunden direkt zurechenbare Kosten (z.b. Finanzierungskosten)
Deckungsbeitrag II
- dem Kunden direkt zurechenbare Marketingetats
Deckungsbeitrag III
- dem Kunden direkt zurechenbare Verkaufskosten (z.b. Besuchskosten
Deckungsbeitrag IV
- dem Kunden direkt zurechenbare Logistik- und Servicekosten
Deckungsbeitrag V
- Kosten für Sonderleistungen
Deckungsbeitrag VI

Materialeinzelkosten und Fertigungseinzelkosten können auch als variable Kosten zusammengefasst werden!

6.5
6.5.1

Markt / Produkte	bestehende	Neue
Bestehende	Marktdurchdringung	Marktentwicklung
Neue	Produktinnovation	Diversifikation

- Kurzfristig wirksame Maßnahmen zur Marktdurchdringung: Produktvariation, Werbung, Verkaufsförderung, Preisreduzierung
- Mittelfristig wirksame Maßnahmen zur Marktentwicklung und Produktinnovation: Angebotsdifferenzierung, Schaffen von Zusatznutzen, Entwicklung neuer Produkte, Imagewerbung, PR-Maßnahmen
- Langfristig wirksame Maßnahmen im Rahmen der Diversifikation: Horizontale, vertikale und laterale Diversifikation

6.5.2

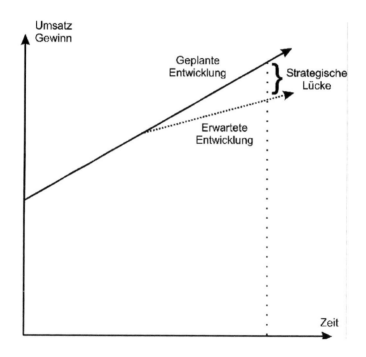

6.6

6.6.1 In der Regel wird in einer Balanced Scorecard die Unternehmensstrategie in vier Perspektiven aufgeteilt, die mit Kennzahlen überprüft werden.

- Finanzperspektive: Kennzahlen zum Erreichen der finanziellen Ziele. Typische Kennzahlen sind z.b.: Eigenkapitalrendite, Liquiditätsgrad, Umsatzrentabilität und Cash-Flow.
- Kundenperspektive: Kennzahlen zum Erreichen der Zeile bezüglich der Kunden- und Marktsegmente. Typische Kennzahlen sind z.b.: Anzahl der Reklamationen, Termintreue, Zahl der Vertragskündigungen, Kundenzufriedenheit.
- Prozessperspektive: Kennzahlen zum Erreichen interner Prozess- und Produktionsziele. Typische Kennzahlen sind z.b: durchschnittliche Lieferzeit, Durchlaufzeit, Ausfallraten.
- Lern- und Innovationsperspektive: Im Mittelpunkt stehen die Qualifikation und Motivation der Mitarbeiter sowie die Verbesserung des innerbetrieblichen Informationssystems. Typische Kennzahlen sind z.b.: Anzahl der Krankheitstage, Mitarbeiterfluktuation, Umsatzverhältnis neuer Produkte zu alten Produkten.

6.6.2

Vorteile der Balanced Scorecard
- Visualisierung und Operationalisierung der Ziele
- Umfassender Überblick über das Unternehmen
- Mitarbeitermotivation durch Vorgabe von (erreichbaren) Zielen
- Unterstützung des strategischen Denkens
- Rückverfolgbarkeit der Ursachen für (Miss-) Erfolge
- Kontinuierlicher Verbesserungsprozess

Nachteil der Balanced Scorecard
- Subjektive Auswertung der Kennzahlen
- Manche Bereiche sind durch Kennzahlen schwer zu erfassen
- Motivationsprobleme durch zu hohe/zu niedrige Vorgaben

- Falsche Ziele können gesetzt werden
- Mögliche Manipulation der Kennzahlen (vor allem, wenn sich die Vergütung nach Erreichung der Vorgaben richtet)

3.2 Marktforschung und Marketingstatistik

Lösungssatz I

Aufgabe 1

$$n = \frac{t^2 \bullet (p \bullet q)}{e^2}$$

Der benötigte Stichprobenumfang ist: $\dfrac{3^2 \bullet (50 \bullet 50)}{5^2} = 900$

Aufgabe 2

a.) Erhebung:

- Ungenaue Erfassung
- unsaubere Dokumentation
- Beeinflussung der Auskunftspersonen
- nicht sorgfältig ausgesuchte Stichprobe (Auswahlverfahren),
- Antwortverweigerung.

b.) Auswertung:

- Ungenaue Datenaufbereitung
- falsche statistische Methoden
- Basis muss bei Vergleichen dieselbe sein
- Bei Geldbeträgen ist auf eine identische Währung zu achten.

Aufgabe 3

3.1

- Das mathematische Fundament fehlt, so dass Wahrscheinlichkeitsaussagen für die Ergebnisse und Berechnungen für Fehlerspannen nicht möglich sind

- Praktisch können nur wenige Merkmale quotiert werden, da die Erhebung sonst zu schwierig wird
- Nichteinhalten der Quotenvorgaben
- Datenfälschung durch den Interviewer

3.2 Jedes Element der Grundgesamtheit hat die gleiche Chance, in die Stichprobe zu gelangen. Kein Einfluss des Durchführenden und Rückschlüsse auf Sicherheit und Genauigkeit möglich.

Aufgabe 4

Im Gegensatz zur einfachen Regressionsanalyse, die nur die Abhängigkeit einer Variablen von einer anderen (unabhängigen) Variablen ermittelt, geht es bei der multiplen Regressionsanalyse um die Abhängigkeit einer abhängigen Variablen von mehreren unabhängigen Variablen.
Beispiel: Der Einfluss von Preis, Verkaufsförderung und Packungsänderung auf die Abverkaufsmenge.

Aufgabe 5

Auswahl aufs Geratewohl – kein statistisch einwandfreies Verfahren!

Aufgabe 6

Informationsphase:
- Untersuchung des Marktes und der Marktteilnehmer.
- Offenlegung von Marketingproblemen und Marktchancen.

Zielsetzungsphase:
- Erkennen von Problemen und Chancen.
- Aufzeigen von Trends und Handlungsalternativen

Strategiephase:
- Prognosen über die vermutliche Wirkung von Marketingstrategien
- Grundlage für Marketing-Mix Entscheidungen

Marktforschung und Marketingstatistik

Realisationsphase:
- Verwirklichung der gewählten Strategie und der Maßnahmen.
- Marktforschung spielt hierbei eher eine untergeordnete Rolle

Kontrollphase:
- Vergleich von Soll-Ist-Werten und Ermittlung von Abweichungen
- Rückkopplung auf alle anderen Phasen

Aufgabe 7
- *Validität:* Ein Messinstrument ist dann valide, wenn es genau das misst, was es vorgibt zu messen
- *Reliabilität:* Ein Test ist dann reliabel, wenn die Messwerte genau sind. In der Regel wird man dies an der Reproduzierbarkeit ablesen können, d.h., dass man bei Wiederholungen zu gleichen Ergebnissen gelangt.
- *Objektivität:* Ein Test ist dann objektiv, wenn mehrere Untersucher unabhängig voneinander bei ein und demselben Probanden zur gleichen Aussage gelangen.

Aufgabe 8
Als Sekundärforschung bezeichnet man die nochmalige Auswertung bereits vorhandenen Datenmaterials. Dieses, ursprünglich für andere Zwecke erhoben, wird aber in Hinblick auf die neue Problemstellung neu aufbereitet. Datenquellen sind interne (z.B. Absatzstatistiken, Reklamationen, Umsatzstatistiken und externe Quellen (Statistisches Bundesamt, Wirtschaftsverbände, Mafo-Studien usw.)

Gründe für die Sekundärforschung sind:
- Auswertung kann Informationsproblem evtl. lösen
- Kosten erheblich niedriger als bei der Primärerhebung
- Daten bilden Basis für neue Erkenntnisse über den Markt zur Problemlösung
- Daten liefern Informationen zur Stichprobenbildung

Aufgabe 9
- Umsatzentwicklung bei einzelnen Kunden, Kundengruppen und Branchen
- Kundenbestand, Zusammensetzung und Veränderung
- Umsatzstärken
- Zahlungsverhalten

Aufgabe 10
Nach einem Fußballspiel könnte man beispielsweise den Müll, den die Besucher hinterlassen haben, gesondert analysieren. So ließe sich herausfinden, welche Getränkesorte oder welche Zigarettensorte am meisten getrunken oder geraucht wurde.

Aufgabe 11
a.) Unter indirekten Fragen sind solche zu verstehen, bei denen der für den Befragten vordergründig erkennbare Frageinhalt nicht mit dem eigentlichen Untersuchungszweck übereinstimmt.
b.) Techniken:
- Satzlücken, Satzergänzungen
- Bilder mit Handlungssituationen
- Sprechblasen
- Zuordnen von Produkten auf Personen

Aufgabe 12
- Anschreiben persönlich gestalten
- Versand als normaler Brief, nicht als Infopost
- Optisch ansprechender Fragebogen
- Gewinnanreize, Geschenke
- Sonderbriefmarken nutzen
- Glaubwürdige Berichte über Forschungsvorhaben mitschicken

Aufgabe 13

Informationen über:

- Heikle Themen
- Produktkonzepttest
- Werbetest
- Packungstest
- Imagestudien

Probleme:

- Meinungsführer
- Ausrichtung an der Gruppennorm
- Barrieren gegen die Darlegung abweichender Erfahrungen und Ansichten
- Dominanzstrukturen
- Gruppeninterne soziale Kontrollmechanismen
- Unterschiedliches Bildungs- und Schichtniveau

Aufgabe 14

- Ermittlung von Produktalternativen. Welches Produkt wird vorgezogen?
- Ermittlung der optimalen Gestaltung einzelner Produktqualitäten (Produktkern, Packung, Preis, Name, etc.) Wie gefällt das Produkt insgesamt?
- Abtesten eines Produktes als Ganzes auf Gebrauchstauglichkeit und Imagewirkung und damit auf seine Marktchance. Wie wird das Produkt im Vergleich zu sonst üblicherweise verwendeten Produkten beurteilt

Aufgabe 15

Vorteile:

- Überprüfung der Marktchancen von Produkten und realen Marktbedingungen

- Möglichkeit, das Marketinginstrumentarium zu variieren und ent-sprechende Wirkungskontrollen durchzuführen
- Geringere Kosten als beim Markttest

Nachteile:
- Begrenzter Aussagewert der Ergebnisse, da die Anzahl der Test-geschäfte in der Regel sehr klein ist und so keine repräsentativen, allenfalls tendenzielle Ergebnisse zu erhalten sind.
- Bei einer geringen Zahl von Testgeschäften lässt sich z.B. die Me-diawirkung als ein Element des Marketing-Mix kaum einsetzen ihre Wirkung nicht überprüfen.
- Der Testzeitraum beschränkt sich meist auf eine Dauer von zwei Monaten. Deshalb können meist nur Erst- bzw. Versuchskäufe ge-messen werden; Auswirkungen längerfristiger Natur werden so-mit nicht festgestellt.

Aufgabe 16

a.) Panel ist ein bestimmter, gleich bleibender, repräsentativer Kreis von Auskunftspersonen, der über einen längeren Zeitraum hinweg fortlaufend oder in gewissen Abständen über den gleichen Gegenstand befragt wird.

Eine Wellenerhebung ist eine Untersuchung mit wechselnder Stichprobe.

b.)

Beispiele Panelforschung
- Verbraucherpanel
- Handelspanel
- Spezialpanel

Beispiele Wellenerhebung
- Werbetracking
- Konsumklima
- Politische Meinungen

Aufgabe 17

Das Black-Box-Modell berücksichtigt die inneren Vorgänge, die letztlich die Reaktion beeinflussen, nicht. Sie bleiben gewissermaßen im Dunkeln der schwarzen Kiste.

Bei SOR-Modellen wird versucht, die Vorgänge im Organismus des Menschen (psychische und soziale Variablen) und ihre Wirkung auf das Verhalten (output) zu erklären.

Aufgabe 18

Die Szenario-Technik bezeichnet die Entwicklung von Szenarien als interdisziplinäre, umfassende Erstellung eines möglichen Zukunftsstatus aufgrund möglicher Entwicklungen strategie-relevanter Ereignisse mit einem zeitlichen Horizont von mindestens 10 Jahren.

Die Erstellung von Szenarien erfolgt mit Hilfe von Simulationsmodellen, Delphi-Befragungen, Brainstorming-Techniken u.a. und bezieht sowohl quantitative als auch qualitative Informationen in die Prognose mit ein.

Die Szenario-Technik orientiert sich an der Entwicklung der unternehmensrelevanten Felder:

- weltwirtschaftliche Trends
- Energiesituation
- Geopolitische und ökologische Trends
- Technologischer Wandel
- Gesellschaftspolitische Veränderungen
- Geld-, Kapital-, Beschaffungs- und Absatzmarktentwicklungen.

Diese Einzeltrends werden zu einem Zukunftsbild (Szenario) zusammengefasst, das zur langfristigen Ziel-, Maßnahmen- und Ressourcenplanung herangezogen wird.

Marketingfachkaufmann / -frau werden

Lösungssatz II

Aufgabe 1

a.) Mittelwerte definieren die zentrale Tendenz (Mitte einer Verteilung). Streuungsmaße geben Informationen über die Abweichung von der Mitte.
b.) Arithmetisches Mittel, Modus, Median, geometrisches Mittel.

Aufgabe 2

Nominalskala: Die Merkmalsausprägungen werden nur dahin gehend definiert, ob sie gleich oder ungleich sind. Z.B. männlich-weiblich; Berufe; Marken; usw.
Ordinalskala: Die Merkmalsausprägungen werden in eine Reihenfolge gebracht. Z.B. Platz 1, Platz 2 usw.; Sehr gerne, gerne, ungern oder sehr ungern; Geschmackstest in der Marktforschung; Präferenzen usw.

Aufgabe 3

a.) Marktdurchdringungsgrad (Sättigungsgrad):

$$10 \text{ Mio.} \times 100 : 30 \text{ Mio.} = 33{,}33\%$$

Der Marktanteil für Electronics International-Player beträgt:

$$3 \text{ Mio.} \times 100 : 10 \text{ Mio.} = 30\%$$

b.)

Hersteller	A	B	C	
Verhältnis	6	3	1	10
Anteile in %	60	30	10	100
Umsatzerlöse	900,00	450,00	150,00	

Aufgabe 4

Die Untersuchungseinheiten (Elemente) der Grundgesamtheit, die das Gesamtergebnis nur in geringem Umfang beeinflussen, werden bei der

Auswahl nicht berücksichtigt. Man konzentriert sich bei der Auswahl der Elemente auf diejenigen, die im Hinblick auf den Untersuchungsgegenstand Wesentliches beizutragen haben.

Angewandt wird das Verfahren häufig bei Untersuchungen im Bereich der Investitionsgüter. Man kann sich auf eine geringe Anzahl von Großbetrieben konzentrieren, die den Löwenanteil der Investitionsentscheidungen auf sich vereinigen. Die vielen mittleren und kleineren Unternehmen bleiben dann unberücksichtigt.

Aufgabe 5

a.) Das Ergebniss zeigt, dass von den 800 Personen, die mit der Werbeaktion Kontakt hatten, 700, also 93% das Produkt kauften. Hiermit zeigt sich für das Unternehmen, dass ihre Aktion sehr erfolgreich war.

b.) Der Korrelationskoeffizient gibt die Stärke des Zusammenhangs zwischen zwei oder mehreren Variablen an. Es kann jedoch daraus keine Ursache-Wirkungs-Analyse abgeleitet werden.

Aufgabe 6

Clusteranalyse: Mit ihr sollen Ähnlichkeitsbeziehungen zwischen Objekten erfaßt werden. Dabei werden Produkte, Personen usw. als Cluster (= Gruppe, Bündel, Segment, Schicht) zusammengefasst, entsprechend der Ähnlichkeit, der sie kennzeichnenden Merkmalsausprägung. Ziel ist es, Gruppen zu finden und zu bilden, die in sich möglichst homogen sind, während der Unterschied zwischen den Gruppen möglichst groß sein soll. Clusteranalysen dienen der Marktsegmentierung, der Bildung von Leser- und Konsumententypologien.

Aufgabe 7

- Zugang zu allen internen Daten
- Know-how und Kennzahlen bleiben im Unternehmen
- Kostengünstiger als Institute
- Fachkompetenz

Aufgabe 8

a.) Wirtschaftliche Daten

- Gesamtwirtschaftliche Größen (Bruttosozialprodukt, Preissteigerungsrate, Arbeitslosenquote etc.)
- Betriebliche Marktlage (Größe und Struktur des Marktes, Kaufkraft, Käuferverhalten)
- Konkurrenzinformationen

b.) Nicht-wirtschaftliche Daten

- Politische Daten (Handelschranken, Zölle)
- Rechtliche Daten (Gesetzesvorgaben, z.b. Lebensmittelrecht)
- Ökologische Daten (z.b. Umweltverträglichkeit)
- Technische Daten (z.b. Innovationen)

c.) Instrumentalinformationen: Informationen über die Wirkung der marketingpolitischen Instrumente, wie z.b. produkt- , preis-, distributions- und kommunikationspolitische Informationen.

Aufgabe 9

Primärforschung:

Im Rahmen einer Primärerhebung werden neue, bisher noch nicht erhobene bzw. nicht zur Verfügung stehende Marktdaten ermittelt.
In der Regel handelt es sich dabei um Informationen hinsichtlich subjektiver Sachverhalte (z.B. Einstellungen) sowie um subjektbezogene objektive Sachverhalte (z.B. Kaufhandlungen).

Sekundärforschung:

Gegenstand der Sekundärerhebung sind Informationen, die bereits erhoben wurden und deshalb vom Informationsbeschaffenden nicht neu erhoben werden müssen. Vielmehr wird auf diese bereits erhobenen Daten zurückgegriffen. Sekundärinformationen werden sowohl anhand von betriebsinternen als auch anhand von betriebsexternen Quellen erhoben.

Bei auftretenden Marktforschungsproblemen, die eine Informationsbeschaffung erforderlich machen, werden zunächst Sekundärinformationen erhoben und ausgewertet.

Aufgabe 10

Kaufverhalten:
- Zählverfahren
- Kundenlaufstudie
- Einkaufsverhaltensbeobachtung

Verwendungsverhalten:
- Überprüfung der Funktionsgerechtigkeit
- Ver- und Gebrauchsgewohnheiten
- Handhabungstests

Informationsverhalten:
- Leseverhalten
- Wahrnehmung von Werbung

Aufgabe 11

Face-to-face-Interview:
- höhere Kosten
- Interviewereinfluß
- Erreichbarkeit der Befragten unter Umständen schwierig

Telefoninterview:
- Geringe Auskunftsbereitschaft
- Fragethematik und –umfang sind sehr begrenzt
- Interviewereinfluß

Schriftliche Umfrage:

- geringe Rücklaufquote
- Beeinflussung durch Dritte möglich
- Völlig unkontrollierte Befragungssituation

Aufgabe 12

Vorteile:

- Schnellere Auswertung
- Fragen sind leichter zu beantworten
- Interviewer haben es einfacher
- Nicht vom Sprachniveau abhängig bzw. vom Ausdrucksvermögen des Befragten
- Standardisierung

Nachteile:

- Unterforderung der Befragten
- Befragte werden teilweise zu stark eingeengt
- Wirkt häufig zu standardisiert

Aufgabe 13

- Befragungsform (standardisiert, schriftlich, mündlich, usw.)
- Befragungskreis (vorhandene Kundenkartei)
- Voll- oder Teilerhebung
- Adresszugriff
- Befragungstaktik (offen, geschlossen, direkt, indirekt)
- Befragungszeitraum

Aufgabe 14

Hierbei werden dem Probanden eine gewisse Anzahl von gegensätzlichen Begriffen vorgegeben, aus welchen er seinen Eindruck wiedergeben soll. Z.B. jung – alt, hässlich – schön, ernst – fröhlich usw.
Für Imageanalysen.

Aufgabe 15

a.) Die Probanden erhalten das Produkt in neutraler Verpackung, ohne Hersteller- und Markennamen oder sonstigen Informationen

b.) Ziel aller Blindtest ist die Beurteilung der reinen Produktqualität ohne den Einfluss des Markenimage.

Aufgabe 16

a.) Markttest: Dies ist ein probeweiser Verkauf von neuen oder modifizierten Produkten unter kontrollierten Bedingungen in einem räumlich abgegrenzten Gebiet. Getestet wird die Wirkungsweise des gesamten Marketinginstrumentariums in einem Testmarkt, um so zu erfahren, wie der Handel und die Verbraucher auf die neue Flasche reagieren.

b.) Voraussetzungen:

* Repräsentativität des Testgebietes im Hinblick auf demo- und soziografische Merkmale
* Normale Wirtschafts-, Wettbewerbs- und Handelsstruktur
* Keine atypische Mediastruktur
* Räumliche Abgegrenztheit

Vorteile:

* Umfassendes Instrument zur Überprüfung der Marktchancen für die neue Flasche
* Gesamtwirkung des Marketing-Mix überprüfbar
* Zeigt Reaktionen von Nachfragern, Handel und Konkurrenz
* Ergebnisse auf den Gesamtmarkt hochrechenbar
* Reduzierung des Flop-Risikos bei sofortiger Markteinführung

Nachteile:

* Durchführung teuer
* Bei Mißerfolg imageschädigende Wirkung möglich
* Testergebnisse können keine 100%ige Sicherheit geben

- Umweltbedingungen nicht kontrollierbar
- Mangelnde Geheimhaltung
- Störaktionen der Konkurrenz

Aufgabe 17

a.) Der Zweck (Nutzen) der Panelbefragung liegt in der Erfassung von Veränderungen der Verbrauchergewohnheiten über einen bestimmten Zeitraum hinweg. Die Panel-Merkmale sind: gleichbleibende repräsentative Personengruppe, über einen längeren Zeitraum erfolgende Berichterstattung zu gleichbleibenden Themen.

b.)

- Paneleffekt: Unter der Eigenbeobachtung erfolgt häufig ein bewußteres Verhalten.
- Overreporting: Das Problem besteht vor allem in zu hohen bzw. übertriebenen Angaben von Käufen, die von den Befragten tatsächlich gar nicht getätigt wurden
- Underreporting: Verschweigen von tatsächlich getätigten Käufen
- Panelsterblichkeit: Teilnehmer scheiden aus unterschiedlichen Gründen aus der Untersuchung aus. Sie haben z.B. keine Lust mehr, die Familienverhältnisse ändern sich, sie ziehen um.

Aufgabe 18

- *CD:* Abwechslung suchendes Kaufverhalten: Bei bestimmten Kaufsituationen beschäftigen sich die Käufer nur in geringem Maße mit dem Kauf und handeln eher impulsiv.
- *Transportabler PC:* Dissonanzminderndes Kaufverhalten: Gelegentlich ist die persönliche Beschäftigung des Konsumenten mit der geplanten Anschaffung intensiv, doch er sieht nicht viel Unterschied zwischen den einzelnen Marken. Nach Kaufabschluß können im Bewußtsein des Konsumenten Dissonanzen auftreten.
- *Joggingschuhe:* Komplexes Kaufverhalten: Die Konsumenten zeigen ein komplexes Kaufverhalten, wenn sie sich mit einer Anschaffung in-

tensiv beschäftigen und erhebliche Unterschiede zwischen den einzelnen Marken erkannt haben. Dies geschieht meist, wenn das Anschaffungsobjekt teuer und mit Risiken behaftet ist.

- *Cornflakes:* Habituelles Kaufverhalten: Bei vielen Produkten ist die Beschäftigung des Konsumenten mit dem Kauf gering und bedeutende Unterschiede zwischen den Marken sind nicht vorhanden. Häufig übernimmt er passiv Informationen aus der Werbung. Eine häufige Wiederholung von Werbung bewirkt dann auch eher Markenvertrautheit als Markenüberzeugung.

Aufgabe 19

Die Delphi-Methode, an der in der Regel 5-20 Experten teilnehmen, ist eine spezielle Art der Gruppenprognose. Man geht davon aus, daß Fachleute in ihrem Spezialgebiet in besonderer Weise dazu in der Lage sein müssten, die künftige Entwicklung in diesem Bereich abschätzen zu können. Ablauf:

- Zusammensetzung der Expertengruppe: Spezialisten aus unterschiedlichen Funktionsbereichen des Unternehmens, u.U. ergänzt durch externe Spezialisten. Bestimmung eines Delphi-Koordinators.
- Die Experten werden über das Prognosegebiet informiert und nach möglichen künftigen Ereignissen im relevanten Gebiet befragt.
- Nach Auswertung der Fragebogen erhalten die Befragten eine Liste denkbarer Entwicklungen zugesandt, mit der Bitte abzuschätzen, innerhalb welcher Zeit diese eintreten könnten.
- Die Ergebnisse dieser zweiten Runde werden mit Argumenten und Gegenargumenten den Beteiligten zugänglich gemacht, mit der Auflage, unter Würdigung der Befunde ihre bisherige Einschätzung zu korrigieren bzw. Abweichungen zu begründen.
- Die vierte und gegebenenfalls jede weitere Runde verläuft so wie die dritte. Die Teilnehmer beantworten die Fragen von Runde zu Runde auf immer höherem Informationsstand, bis sie letztlich zu einer abschließenden Schätzung aufgefordert werden, die dann die endgültige Prognose darstellt.

Lösungssatz III

Aufgabe 1

Die Spannweite ist in der Statistik die Differenz zwischen dem größten und dem kleinsten Wert einer Häufigkeitsverteilung. Die Spannweite ist kein sehr aussagekräftiger Kennwert von Verteilungen, denn sie ist allein von den Zufälligkeiten der Extremwerte abhängig und dementsprechend gegenüber Ausreißern sehr empfindlich.

Mit Hilfe der Spannweite bekommt man einen ersten, wenn auch oberflächlichen Eindruck von der Merkmalsverteilung.

Hier ist der Wert 6

Aufgabe 2

Die Elemente müssen vollzählig vorliegen und jedes Element hat die gleiche Chance, in die Auswahl zu gelangen.

Aufgabe 3

Die Untersuchungseinheiten (Elemente) der Grundgesamtheit, die das Gesamtergebnis nur in geringem Umfang beeinflussen, werden bei der Auswahl nicht berücksichtigt. Man konzentriert sich bei der Auswahl der Elemente auf diejenigen, die im Hinblick auf den Untersuchungsgegenstand Wesentliches beizutragen haben.

Angewandt wird das Verfahren häufig bei Untersuchungen im Bereich der Investitionsgüter. Man kann sich auf eine geringe Anzahl von Großbetrieben konzentrieren, die den Löwenanteil der Investitionsentscheidungen auf sich vereinigen. Die vielen mittleren und kleineren Unternehmen bleiben dann unberücksichtigt.

Aufgabe 4
a.) Median
162 + 176 + 198 + 270 + 312 + 320 + 430 + 480

Median: $\frac{270 + 312}{2} = 291$

b.) arithmetischer Mittelwert:
320 + 270 + 480 + 176 + 430 + 162 + 312 + 198 = 2.348 : 8 = 293,5

Aufgabe 5
Nein, da die Repräsentanz schriftlicher Befragungen durch folgende Tatbestände stark eingeschränkt ist:
- Geringe Rücklaufquote
- Befragungssituation ist völlig unkontrolliert, d.h. keine Rückfragen möglich und keine Sicherheit, wer den Fragebogen tatsächlich ausgefüllt hat
- Durch die Beschränkung des Fragebogenumfangs keine detaillierten Ergebnisse

Aufgabe 6
Das Flächenstichprobenverfahren ist sinnvoll, wenn die personelle Auswahl schwierig oder gar unmöglich ist. Dies ist meist der Fall, wenn die Elemente der Grundgesamtheit nicht gekennzeichnet sind oder nicht gekennzeichnet werden können. Z.B. das Nichtvorhandensein von Karteien der Einwohnermeldeämter, Kundenkarteien, Vereinsmitgliedschaften usw.

Aufgabe 7
a.) Clusteranalyse
b.) Der Personenkreis wird so gruppiert, dass sie innerhalb einer Gruppe hinsichtlich ihrer Merkmalsausprägungen möglichst ähnlich sind. Die Cluster selbst sind verschieden.

Beispiele:

- Wähler einer bestimmten Partei
- Besucher eines Fußballspiels
- Männer hinsichtlich ihres Kaufverhaltens von Pflegeprodukten
- Urlaubsreisende nach Ägypten usw.

Aufgabe 8

- Erfahrung bzw. Spezialisierung in bestimmten Märkten und Techniken
- Personelle und sachliche Ausstattung (Fluktuation, eigener Interviewerstab, eigene EDV-Anlage und –programme)
- Mitgliedschaft im Fachverband
- Instituteigene Vorkehrungen zur Wahrung der Vertraulichkeit und Sicherung der Untersuchungsqualität
- Möglichkeit des Exklusivschutzes
- Kontrollmöglichkeit der Auftraggeber
- Erfahrungen in der Zusammenarbeit bezüglich Angebotsqualität und Durchführung (Kontakt, Termintreue, Präsentation usw.)

Aufgabe 9

Tracking-Forschung: Regelmäßige und kontinuierliche Erhebungen zum gleichen Thema, wie z.b. Panelforschung

Ad-hoc-Forschung: Dies ist eine fallweise Erhebung, wie zum Beispiel eine Meinungsumfrage, ein Produkttest oder einer Konsumententypologie

Aufgabe 10

a.) Mündliche (persönliche) Befragung von Passanten und/oder teilnehmende verdeckte Beobachtung von Laufstrom- und Kundenverhalten.

b.) Problemfragen:

- Wie ist die Frequenz des Standortes?
- Wie stellt sich die Umgebung des Standortes dar?

- Welche Akzeptanz haben verschiedene Geschäftstypen am Standort?
- Wie ist die Verkehrsanbindung?
- Welche Parkmöglichkeiten gibt es?
- Kommen die Zielgruppen mit dem Auto oder mit öffentlichen Verkehrsmitteln?
- Ist der Standort für Laufkundschaft geeignet?
- Welche Wegstrecken nehmen die Kunden für gewisse Angebote in Kauf?

Aufgabe 11
- Qualifikation des Interviewers
- Positive Ausstrahlung
- Absolute Ehrlichkeit

Aufgabe 12
a.) Hierbei sind gewisse Kernfragen festgelegt. Zusatzfragen sind aber möglich, eine bestimmte Reihenfolge ist nicht erforderlich.
b.) Offene Frage: freie Formulierung seitens des Befragten
Geschlossene Frage: Antwortalternativen sind vorgegeben, der Befragte muss sich entscheiden.
c.) Schriftliche Umfragen, Telefoninterviews, face-to-face-Interviews, computergestützte Umfragen.
d.) Einfachheit der Frage (keine Fremdwörter), Eindeutigkeit (muß von allen gleich verstanden werden), Neutralität (keine Wertungen), keine Suggestivfragen und keine hypothetischen Fragen.

Aufgabe 13
- Steuert den gesamten Ablauf des Interviews.
- Erledigt die Auswahl der Telefonnummern, der Zielpersonen, der Ersatznummern bei Fehlersuche
- Überträgt die Daten unmittelbar in die Auswertung

- Zeigt Fehler und notwendige Rückfragen sofort an.

Aufgabe 14

- *Standardisiertes Interview :*Die Reihenfolge und der Wortlaut der Fragen sind genau festgelegt und der Interviewer muss sich daran halten.
- *Strukturiertes Interview:* Hier sind gewisse Fragen vorgegeben und dienen als Fragengerüst. Der Interviewer ist nicht an eine bestimmte Reihenfolgen gebunden und kann Zusatzfragen stellen. Hinsichtlich der Frageform bleiben ihm auch gewisse Freiräume
- *Freies Interview (Tiefeninterview):* Der Interviewer hat bei dieser Art freie Hand. Ihm sind nur das Thema und das Ziel des Gesprächs vorgegeben. Sollte in der Regel eine geschulte Person, z.B. ein Psychologe sein.

Aufgabe 15

- Produktneueinführung
- Produkt-Relaunch
- Cost-Reduction (Kostensenkung)
- Wettbewerbsvergleiche
- Regelmäßige Überprüfung von Produkten
- Eliminierung von Produkten

Aufgabe 16

Der Umsatzerfolg beträgt 200.000 Euro.
Es wird ein Bruttogewinn von 20.000 Euro erzielt. Da die Kosten für die Verkaufsförderungsmaßnahmen 24.000 Euro betragen, ergibt sich in der beobachteten Periode ein Verlust von 4.000 Euro.

Aufgabe 17

- Problem der Marktabdeckung; der sogenannte coverage beträgt keine Hundert   Prozent. Warenhäuser, Versender, Discounter nehmen am Panel nicht teil.

- Kurzfristige Schwankungen können aufgrund der langen Erhebungszeiträume nicht erfasst werden. Die Kenntnis darüber wäre im Einzelfall aber wichtig.
- Es lässt sich nicht sagen, wer was wo gekauft hat

Aufgabe 18

a.) Mit der Prognose wird angestrebt, den „wirklichen Ablauf" z. B. einer Marktentwicklung im voraus zu simulieren, um richtig entscheiden zu können.

b.) Ein Prognoseverfahren hängt ab von:

- der Aufgabenstellung (Prognoseobjekt)
- den Ausgangsinformationen (z.b. Einzeldaten oder Zeitreihen)
- dem Betrachtungszeitraum (Planungshorizont)
- Rechnereinsatz/ Programmverfügbarkeit (Kosten)

Lösungssatz IV

Aufgabe 1

Der Mann ist inkompetent. Der Stichprobenumfang ist unabhängig von der Größe der Grundgesamtheit. Vielmehr ist der Stichprobenumfang abhängig von folgenden Faktoren:

- vom Sicherheitsgrad bzw. von der Aussagewahrscheinlichkeit, mit der die Aussage aufgrund der Stichprobe gelten soll
- vom Stichprobenfehler, d.h. von der Fehlertoleranz, die noch akzeptierbar ist
- von der Ausgangsverteilung der tatsächlichen Anteilsmerkmale in der Grundgesamtheit

Aufgabe 2

Lösung: 2x35 + 4x40 + 6x50 + 3x65 + 2x70 + 1x75 = 52,22
Eine Kaffeemaschine kostet im Durchschnitt 52,22

Aufgabe 3

- Große Genauigkeit der Untersuchung
- Hoher finanzieller und organisatorischer Aufwand
- Großer Zeitaufwand
- Ein weiterer Aspekt, der gegen eine Vollerhebung spricht, ist die Tatsache, daß oftmals nicht alle Personen bekannt sind, die zu einer bestimmten Grundgesamtheit gehören.

Teilerhebung:
Nur ein bestimmter, genau festzulegender Anteil aller interessierenden Elemente wird untersucht. Die ausgewählten Stichprobenelemente müssen im Hinblick auf die zu untersuchenden Merkmale repräsentativ für die Grundgesamtheit sein.
Aus Praktikabilitätsgründen wird in der Regel eine Teilerhebung zur Beschaffung von Informationen durchgeführt. Es wird somit nur ein bestimmter

Prozentsatz der Grundgesamtheit befragt. Besonders relevant sind Teilerhebungen, wenn:

- die Grundgesamtheit sehr groß ist
- wenig Zeit und Geld zur Verfügung stehen
- Ergebnisse nicht absolut exakt sein müssen, sondern Abweichungen in bestimmten Grenzen toleriert werden.

Aufgabe 4

a.) Mittels eines geschichteten Auswahlverfahrens wird eine heterogene Grundgesamtheit in homogene Teilgesamtheiten aufgeteilt.

b.) Man zerlegt zuerst die Grundgesamtheit in verschiedene Teilgesamtheiten, welche in sich wiederum homogen sind. Jede dieser Einheiten bildet eine homogene Schicht. Im nächsten Gang wird aus jeder dieser Schichten eine separate Stichprobe gezogen. Die Höhe der jeweiligen Schicht hängt von der quantitativen Bedeutung der Schicht ab.

Aufgabe 5

- Detaillierte Darlegung von Art und Umfang der Problemstellung und der Untersuchungsziele
- Zielgruppen und Stichprobengrößen
- Den zur Verfügung stehenden Zeitrahmen
- Zielgruppenbestimmung und Stichprobengrößen

Aufgabe 6

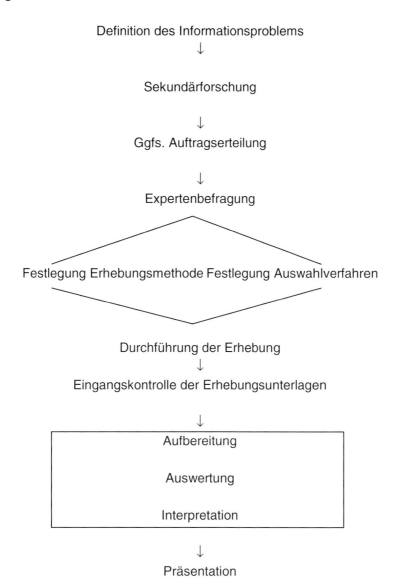

Definition des Informationsproblems
↓

Sekundärforschung

↓

Ggfs. Auftragserteilung

↓

Expertenbefragung

Festlegung Erhebungsmethode Festlegung Auswahlverfahren

Durchführung der Erhebung
↓
Eingangskontrolle der Erhebungsunterlagen

↓

Aufbereitung

Auswertung

Interpretation

↓
Präsentation

Aufgabe 7

Mit der Primärforschung gewinnt man neue, originäre Informationen über den Markt, speziell über die ihn kennzeichnenden Faktoren. Die Primärforschung wird dann durchgeführt, wenn die Daten der Sekundärforschung nicht mehr aktuell, nicht gültig, nicht sicher und nicht relevant sind.

Man unterscheidet dabei folgende Erhebungsmethoden:

- Befragung
- Beobachtung
- Experiment
- Panel

Aufgabe 8

- Absatzvolumen, Marktanteil
- Durchschnittspreise
- Umschlagshäufigkeit
- Lagerbestand

Aufgabe 9

- Konkurrenzbeobachtung (Preise, Sortimentsgestaltung, Schaufenstergestaltung, Sonderangebote usw.)
- Beobachtung des Verkaufsverhalten (Beobachtung von Verkäufern mittels teilnehmender Beobachtung, Testkäufe)
- Kundenlaufbeobachtung (der Kunde wird vom Betreten des Geschäftes bis zum Verlassen beobachtet)
- Kaufverhaltenbeobachtung (z.B. wie viele Kunden bleiben am Regal stehen, nehmen Artikel heraus etc.)
- Verwendungsverhalten
- Informationsverhalten (Fernsehforschung, Einschaltquoten, Anzeigenwahrnehmung, Wiedererkennung usw.)

Aufgabe 10

Vorteile:

- kostengünstig
- auswertungsfreundlich
- zeitsparend

Nachteile:

- Nur Personen mit Internetanschluss werden erreicht
- Repräsentativität mangelhaft
- Mausklicks werden oft zu schnell und ohne Überlegung gemacht

Aufgabe 11

Persönliche Befragung:

- Rückfragen möglich
- Komplexe Fragen können gestellt werden
- Überprüfung des Verständnisses möglich
- Hohe Antwortbereitschaft

Telefonische Befragung:

- schnell
- kostengünstig
- Feedback möglich
- Interviewer bestimmt Ablauf der Befragung

Schriftliche Befragung:

- relativ kostengünstig
- Große Anzahl von Personen kann befragt werden
- Kein Interviewereinfluss
- Wahrung der Anonymität

Internetbefragung:

- schnelle Erhebung
- kein Interviewereinfluss
- geringe Kosten
- Große Anzahl von Personen kann erreicht werden

Aufgabe 12

- *Kontakt- oder Eisbrecherfragen:* Dienen der ersten Kontaktaufnahme und der Schaffung einer entsprechenden Befragungsatmosphäre.
- *Sachfragen:* Dienen der Ermittlung von korrekten Informationen über den Untersuchungsgegenstand
- *Ablenkungsfragen:* Hiermit wird die Ausstrahlung schon behandelter Themen oder Fragen auf noch zu behandelte vermieden und so wird von einem Thema weg, zu einem anderen hingeführt.
- *Kontroll- und Plausibilitätsfragen:* Hiermit wird überprüft, ob Antworten richtig bzw. ehrlich gegeben wurden und ob sie logisch erscheinen
- *Fragen zur Person:* Erfragung der Merkmale, die für das Untersuchungsziel

Aufgabe 13

Unter einem Markttest versteht man den probeweisen Verkauf von Produkten unter kontrollierten Bedingungen in einem begrenzten Markt unter Einsatz ausgewählter oder sämtlicher Marketinginstrumente mit dem Ziel, die Marktchancen von Erzeugnissen zu überprüfen. Anforderungen:

- er soll in seiner Struktur dem Gesamtmarkt entsprechen
- er soll eine dem Gesamtmarkt vergleichbare Mediastruktur aufweisen
- es sollen geeignete Marktforschungseinrichtungen (z.B. Regional-Panel) zur Verfügung stehen.

Vorteile:

- realitätsnähestes Verfahren zur Überprüfung von Marktchancen
- Reduzierung des Floprisikos

Nachteile:

- hohe Kosten
- Auswahl geeigneter Testmärkte (Übertestung)
- mangelnde Geheimhaltung
- Störaktionen der Konkurrenz

Aufgabe 14

a.) Mit diesem Verfahren ist eine gezielte Ausstrahlung von TV-Testspots an die Testhaushalte in einem bestimmten Testmarkt möglich. So können gezielte Werbewirkungsanalysen durchgeführt werden. Durch die „Targetable-TV-Technik" ist es möglich, die Wirkung von Fernsehwerbung auf das reale Kaufverhalten der Konsumenten zu untersuchen. Mit einer speziellen Überblendtechnik werden für das Testgebiet die Fernsehspots der genannten TV-Stationen mit Spots für das Testprodukt überblendet, unbemerkt durch den Betrachter. Durchgeführt werden kann dies mit einer Versuchs- und einer Kontrollgruppe. So lässt sich in beiden Gruppen feststellen, was die Werbung für das Testprodukt bewirkt hat.

b.)

- Test für neue oder veränderte Produkte
- Test von Fernseh- und Printwerbung
- Test von Instore-Aktivitäten im Handel (Regalstopper, Verkaufsdamen,
- Sonderplazierungen, Sonderpreisaktivitäten)
- Media-Mix (nur TV, nur Print, TV und Print)

Aufgabe 15

Gemeinsamkeiten:

- Bestimmter, gleichbleibender Kreis von Haushalten oder Händlern
- Wiederholte Erhebungen zum gleichen Untersuchungsgegenstand
- Erfassung von Veränderungen
- Primärerhebung
- Probleme: Aufbau, Pflege, Kontrolle, Effekt

Unterschiede:

- Adressatenkreis
- Befragungsthematik
- Befragungsform

Aufgabe 16

Aspirin: schmerzfrei
FAZ: Bedürfnis nach Informationsdeckung auf hohem Niveau (Prestige)
Nivea: Bedürfnis nach Hautpflege und Schönheit
Persil: Bedürfnis nach Sauberkeit, insbesondere nach sauberer Wäsche

Aufgabe 17
Bei quantitativen Verfahren wird mit Zahlen (häufig aus der Vergangenheit) gerechnet. Bei qualitativen Verfahren werden Prognosen auf Grund von Meinungen und Stimmungen getroffen. Beide Verfahren ergänzen sich.

Aufgabe 18
- Datenfehler. Veraltete Daten und mangelhafte Zahlenreihen
- Modellfehler. Fehler bei der Auswahl wesentlicher und unwesentlicher Einflussfaktoren, der Funktionstypen und der Länge der verwendeteten Datenreihen.
- Annahmefehler. Falsche Annahmen über exogene Einflussfaktoren und Indikatoren und deren Entwicklung bis in die Zukunft können zu Fehlern führen.

3.3 Rechtliche Aspekte im Marketing

Lösungssatz I

Aufgabe 1

A ist an sein Angebot solange gebunden, als er unter normalen Umständen mit einer Antwort rechnen kann. Bei einfachen Artikeln des kaufmännischen Bedarfs ist dies unter Berücksichtigung des Postlaufwegs von insgesamt maximal vier Tagen und einer Überlegungsfrist von 24 Stunden nach fünf Tagen der Fall. Im vorliegenden Fall hat B das Angebot also zu spät angenommen. Ein Kaufvertrag ist nicht zustande gekommen.

Aufgabe 2

K muss den Zuschlag nicht bezahlen. Nach § 309, 1 BGB sind Klauseln für Preiserhöhungen von Waren- oder Dienstleistungen, die innerhalb von vier Monten nach Vertragsabschluss geliefert oder erbracht werden sollen, unwirksam.

Aufgabe 3

Werdende Mütter dürfen in den letzten sechs Wochen vor der Entbindung nicht beschäftigt werden, es sei denn, sie erklären sich ausdrücklich zur Arbeitsleistung bereit.

Nach der Entbindung dürfen Mütter bis zum Ablauf von acht Wochen nach der Entbindung nicht beschäftigt werden. Bei einer Geburt vor dem voraussichtlichen Entbindungstermin verlängert sich die Achtwochenfrist um diese Tage. Bei Früh- oder Mehrlingsgeburten verlängert sich die Schutzfrist auf 12 Wochen.

Für die Dauer der Schutzfrist erhalten Mütter, die in der gesetzlichen Krankenversicherung versichert sind, ein Mutterschaftsgeld in Höhe des durchschnittlichen Nettoarbeitsentgelts der letzten 13 Wochen bzw. drei Monate. Der Arbeitgeber hat hierzu einen Zuschuss zum Mutterschaftsgeld zu zahlen, soweit das durchschnittliche Nettoarbeitsentgelt die auf 13 je Kalendertag begrenzte Kassenleistung übersteigt.

Aufgabe 4

K könnte, wenn es sich um Gattungsware handeln würde, Nachbesserung oder Ersatzlieferung verlangen. Ist es ein Einzelstück, oder ist Nachbesserung bzw. Ersatzlieferung nicht möglich, kann er den Kauf rückgängig machen. Hierfür ist nicht Vorraussetzung, dass den Verkäufer ein Verschulden trifft. Er haftet vielmehr kraft Gesetzes dafür, dass die Kaufsache einwandfrei ist.

Aufgabe 5

Diese Formulierungen sind nicht zulässig. Sie verstoßen gegen die gesetzlichen Bestimmungen (BGB) und benachteiligen den Verbraucher unangemessen. Dagegen geht die Rüge des Kunden Ernst über den Aushang der AGB an der Kasse ins Leere: Der Kaufmann ist (nach § 305 BGB – den Paragraphen müssen Sie nicht kennen!) nur verpflichtet, am Ort des Vertragsabschlusses ausdrücklich auf die AGB hinzuweisen.

Der Verbraucherschutzverein könnte gegen den Kaufmann mit einer wettbewerbsrechtlichen Abmahnung vorgehen, da der Verstoß gegen die AGB – Vorschriften des BGB insoweit auch einen Verstoß gegen §3 UWG darstellt.

Aufgabe 6

Der Werbende muß im Hinblick auf Umsatz, Sortiment, Auswahl, Größe der Verkaufsräume und Mitarbeiter einen erheblichen und dauerhaften Vorsprung vor seinen relevanten Mitbewerbern einnehmen.

Aufgabe 7

§ 3 UWG: „Unlautere Wettbewerbshandlungen, die geeignet sind, den Wettbewerb zum Nachteil der Mitbewerber, der Verbraucher oder der sonstigen Marktteilnehmer nicht unerheblich zu verfälschen, sind unzulässig."

Nach Auffassung des BGH ist unlauter (früher hieß es „sittenwidrig"), was dem Anstandsgefühl eines verständigen Durchschnittsgewerbetreibenden zuwiderläuft. Gefördert werden soll der Leistungswettbewerb. Darunter versteht man jenen Wettbewerb, bei dem der Absatz allein durch die eigene Leistung (Qualität der Ware, Qualität der Dienstleistungen, Preiswürdigkeit usw.) gefördert wird.

Gegen die Forderung des lauteren Wettbewerbs verstößt somit alles, was den freien Leistungswettbewerb verfälscht oder ausschließt. Ob eine konkrete Wettbewerbshandlung unlauter ist, kann nur aufgrund aller Umstände des Einzelfalles beurteilt werden.

Aufgabe 8
Es handelt sich um ein unzulässiges Lockvogelangebot. Die Rechtsprechung unterscheidet die folgenden drei Formen:

- Es wird mit einer Ware geworben, die dem Werbenden nicht zur Verfügung steht.

- Es wird mit einer Ware geworben, die dem Werbenden nur in unzureichenden Mengen zur Verfügung steht.

- Es wird mit der besonders günstigen Preisstellung einer oder mehrerer Waren geworben und damit zu unrecht der Eindruck hervorgerufen, daß auch das übrige Warensortiment des Werbenden ähnlich preisgünstig gestaltet ist.

Lösungssatz II

Aufgabe 1

Da der Zahlungstermin fixiert war, geriet K bereits am 2. Mai in Verzug. H hat gegen K einen Anspruch auf Ersatz der Mahn- und der Anwaltskosten.

Aufgabe 2

Nein, trotz der ausdrücklichen Mitteilung an den Juwelier liegt ein - rechtlich unbeachtlicher - Motivirrtum vor. Pech für den Jüngling!

Aufgabe 3

Die Zusendung unbestellter Ware ist wettbewerbswidrig. Der Empfänger solcher Sendungen wird nämlich in die Zwangslage gebracht, die Ware anzunehmen, auszupacken und zu prüfen.

Auch besteht oft Unkenntnis darüber, ob eine Verpflichtung zur Abnahme besteht oder ob die Ware aufbewahrt oder zurückgesendet werden muß. Zur Vermeidung von Ärger wird vielfach die unbestellte Ware bezahlt. Dies widerspricht dem Leistungswettbewerb und damit dem § 3 UWG.

Aufgabe 4

Eine Abmahnung im arbeitsrechtlichen Sinne rügt ein vertragswidriges Verhalten. Dies ist verbunden mit der Androhung einer Kündigung für den Wiederholungsfall. Aus Beweisgründen sollte eine Abmahnung nur schriftlich erfolgen.

Es handelt sich um eine ordentliche, verhaltensbedingte Kündigung.

Vor dem Arbeitsgericht benötigt die Partei in der ersten Instanz keinen Anwalt. Dieser ist erst am Landesarbeitsgericht erforderlich. Ausschlußfrist bedeutet, dass eine nicht innerhalb von drei Wochen nach Zugang der Kündigung eingereichte Klage als verspätet zurückgewiesen wird.

Die Güteverhandlung findet vor eine Einzelrichter statt. In der Güteverhandlung soll versucht werden, eine gütliche Einigung zu erzielen. Wird diese nicht erzielt, kommt es zu einer Streitverhandlung vor der Kammer.

Aufgabe 5

a.) Die AGB gelten dann, wenn der Verkäufer deutlich auf sie hinweist, der Vertragspartner diese einsehen kann und damit einverstanden ist. Die Klausel muß klar sein (Transparenzgebot)

b.) Dem Verbraucher steht bei einem Fernabsatzgeschäft ein Widerrufsrecht, bzw. stattdessen ein Rückgaberecht zu. Das bedeutet, dass der Verbraucher einen Anspruch darauf hat, sein Geld zurückzubekommen. Die gewählte Klausel widerspricht dem Transparenzgebot. Sie ist rechtsunwirksam.

c.) Der Vertrag ist im übrigen wirksam, doch anstelle der unwirksamen Klausel gilt die gesetzliche Vorschrift.

Aufgabe 6

Derartige Mischanzeigen, die Waren verschiedener Beschaffenheit anbieten, sind nur dann zulässig, wenn tatsächlich zu den genannten Mindestpreisen Waren aller angekündigten Gattungen in angemessener Menge vorhanden sind. Der Kaufmann hat jedoch einen Skistiefel für 120 EUR nicht auf Lager. Die Werbung ist irreführend gemäß § 5 UWG.

Lösungssatz III

Aufgabe 1

Ja, die Vertretungsmacht ergibt sich aus dem Brief. Gustav hat zwar seine Geschäftsführungsmacht verletzt, im Verhältnis zum B ist dies aber ohne Bedeutung.

Aufgabe 2

a.) Prokura kann nur von einem Kaufmann erteilt werden.

b.) Die Erteilung der Prokura ist vom Inhaber des Handelsgeschäfts zur Eintragung in das Handelsregister anzumelden.

c.) Die Prokura ermächtigt zu allen Arten von gerichtlichen und außergerichtlichen Geschäften und Rechtshandlungen, die der Betrieb irgendeines Handelsgewerbes mit sich bringt (§ 49 HGB). Der Umfang der Prokura kann Dritten gegenüber nicht beschränkt werden, wohl aber im Innenverhältnis.

d.) Der Prokurist ist nicht berechtigt zur Veräußerung und Belastung von Grundstücken. Er ist ferner nicht zur Unterzeichnung der Bilanz ermächtigt.

Aufgabe 3

Die Verpflichtung zur Zahlung trifft nur den Vertragspartner, also den Käufer. Durch die Zustimmung zum Kaufvertrag sind die Eltern nicht Vertragspartner geworden. Deshalb müssen sie auch nicht zahlen.

Aufgabe 4

Es handelt sich um zwei voneinander unabhängige Krankheiten, die jede für sich einen Gehaltsfortzahlungsanspruch auslöst. Eine Fortsetzungserkrankung könnte nur dann gegeben sein, wenn ein Kausalzusammenhang mit der Ersterkrankung besteht. In diesem Falle hätte der Arbeitnehmer nur insgesamt einen Gehaltsfortzahlungsanspruch von sechs Wochen innerhalb von sechs Monaten.

Aufgabe 5

Wenn sie nicht durch Gründe bedingt ist, die in der Person des Arbeitnehmers oder im Verhalten des Arbeitnehmers liegen, oder aber dringende betriebliche Erfordernisse einer Weiterbeschäftigung entgegen stehen.

Aufgabe 6

a.) Mit dem Eigentumsvorbehalt kann der Verkäufer sicherstellen, dass der Kunde nicht Eigentümer der Sache wird.

b.) Bei Verarbeitung, Einbau in ein Grundstück, Vermischung und Weiterveräußerung.

Aufgabe 7

Es liegt eine unzulässige Faxwerbung vor – dies ist eine Form der belästigenden Werbung.

Außerdem liegt ein Verstoß gegen § 3 UWG vor: Werbung mit der Angst.

Lösungssatz IV

Aufgabe 1

a.) Sebastian Schnell hat mit Hurtig einen Kaufvertrag abgeschlossen, aus dem er gegenüber Hurtig die gesetzlichen Gewährleistungsansprüche geltend machen kann.

Der Lenker hatte offensichtlich einen Sachmangel. Schnell hat einen Anspruch auf Nacherfüllung bzw. hier auf einen Rücktritt vom Kaufvertrag. Der Anspruch auf Gewährleistung verjährt nach zwei Jahren nach der Übergabe des Lenkers. Die Mangelfolgeschäden jedoch (Reparatur, Krankenhausbehandlung, Schmerzensgeld) kann er nicht gegenüber Hurtig geltend machen, da diesen kein Verschulden trifft.

b.) Nach dem Produkthaftungsgesetz hat Schnell jedoch gegenüber dem Hersteller Turbolenk Ansprüche auf Ersatz der Fahrradreparaturkosten, die Heilbehandlung sowie auf ein Schmerzensgeld.

Diese Ansprüche verjähren nach drei Jahren.

Aufgabe 2

Der private Verbraucher. (Nichtkaufleute)

Aufgabe 3

Der Begriff Vertragsfreiheit hat folgende Inhalte:

- Abschlussfreiheit: Man kann einen Vertrag abschließen, mit wem man will.
- Inhaltsfreiheit: Man kann vereinbaren, was man will (Ausnahme: sittenwidrige Vereinbarungen)
- Formfreiheit: Man ist an keine spezielle Form gebunden (hiervon gibt es wenige Ausnahmen, z.B. Grundstücksgeschäfte)

Aufgabe 4

Eine Option ist die rechtliche Möglichkeit, durch einseitige Willenserklärung rechtsgültig einen Vertrag – z.b. einen Kauf- oder Mietvertrag – abschließen zu können.

Aufgabe 5

Pflichten des Arbeitgebers:

- Fürsorgepflicht: Der Arbeitgeber hat alles zu tun, damit Leben und Gesundheit, auch die sittliche Lage der Mitarbeiter nicht gefährdet werden. Dazu gehört z. B. die Einhaltung der Unfallverhütungsvorschriften, eine gesunde Ausstattung der Arbeits- u. Pausenräume, eine Gleichbehandlung der Arbeitnehmer und eine Freistellung bei besonderen Anlässen (z. B. Heirat, Tod eines Verwandten)
- Entgeltleistungspflicht: Rechtzeitige und vollständige Bezahlung des vereinbarten Arbeitsentgelts
- Lohnfortzahlungspflicht im Krankheitsfalle oder persönlicher Verhinderung der Arbeitsleistung

Pflichten des Arbeitnehmers:

- Arbeitspflicht: Der Arbeitnehmer ist verpflichtet, die vereinbarte Tätigkeit einschließlich der damit verbundenen Nebendienste zu leisten (bei einer Verkäuferin kann dies die Reinigung des Regals sein). Der Arbeitnehmer ist auch verpflichtet, notwendige Mehrarbeit zu leisten. Geschuldet wird die Leistung, nicht der Erfolg. Einhalten der Arbeitszeit und Pünktlichkeit gehören dazu.
- Gehorsamspflicht: Der Arbeitnehmer ist verpflichtet den Weisungen des Arbeitgebers Folge zu leisten und sich für das Wohl des Betriebes einzusetzen.
- Treuepflicht: z.B. Nebenbeschäftigungen, die die Hauptbeschäftigung beeinträchtigen, sind zu unterlassen. Über Geschäftsgeheimnisse muß der Arbeitnehmer Stillschweigen bewahren. Er darf dem Arbeitgeber keine Konkurrenz machen.

Aufgabe 6

K muss Lohnfortzahlung leisten. Nur wenn er der Verkäuferin ein Verschulden nachweisen könnte, läge ein Grund dafür vor, die Fortzahlung zu verweigern.

Aufgabe 7

- Fristgemäße Kündigung durch Arbeitgeber oder Arbeitnehmer mit der vertraglichen bzw. gesetzlichen Kündigungsfrist.
- Eine außerordentliche Kündigung aus wichtigem Grund (§ 626 BGB) *Beispiel: Der Arbeitnehmer hat einen Geldbetrag unterschlagen. Dies macht es dem Arbeitgeber unzumutbar das Arbeitsverhältnis auch nur bis zum Ablauf der ordentlichen Kündigungsfrist fortzusetzen.*
- Aufhebung des Arbeitsverhältnisses im beiderseitigem Einvernehmen. Dieser Aufhebungsvertrag zwischen beiden Parteien ist an keine bestimmte Frist gebunden.
- Tod des Arbeitnehmers
- Zeitablauf (Befristung). Hier bedarf es keiner Kündigung
- Zweckerfüllung: Wenn ein Arbeitsverhältnis zur Erledigung einer ganz speziellen Aufgabe abgeschlossen wird (z.B. Installation einer EDV-Anlage) endet es mit Erfüllung dieser Aufgabe.
- Auflösung durch das Arbeitsgericht. Beispiel: Ein Arbeitsgericht gibt der Kündigungsschutzklage eines Arbeitnehmers recht. Dann wäre eigentlich das Arbeitsverhältnis durch die Kündigung nicht beendet worden. Nur wird nicht selten in einem solchen Streitprozess viel schmutzige Wäsche gewaschen, so dass eine Fortsetzung dieses Arbeitsverhältnisses dem Arbeitnehmer gar nicht mehr zu zumuten ist. Dann kann er den Antrag stellen, dass das Arbeitsgericht das Arbeitsverhältnis unter Festsetzung einer Abfindung durch den Arbeitgeber auflöst.

Aufgabe 8

Beispiele belästigender Werbung:

- Ansprechen von Passanten auf der Straße: Wettbewerbswidrig, da sich aufgrund der Aufdringlichkeit der Werbemaßnahme der Verbraucher nicht nach objektiven Kriterien entscheidet. Er kauft vielmehr, weil er der Belästigung entgehen will.
- Telefonische Werbung, Telefaxwebung, E-Mail-Werbung: Hier gilt eine ähnliche Begründung. Außerdem hat der Verbraucher Telefon, Telefax und PC für private Zwecke angeschafft, nicht deshalb, um jedem Werbetreibenden einen Zugang zu ihm zu verschaffen.

4 PRÄSENTATION, MODERATION UND FACHLICHE FÜHRUNG VON MARKETINGPROJEKTEN

> *„Das Gehirn ist eine großartige Sache. Es funktioniert vom Augenblick der Geburt, bis zu dem Zeitpunkt wo du eine Rede halten musst."* *(Marc Twain)*

In diesem Abschnitt wollen wir Ihnen einige grundlegende Hinweise für eine erfolgreiche Präsentation geben und dann an einem praktischen Beispiel eine Präsentation vorstellen.

4.1 Planung einer Präsentation

Leitfragen zur Grobplanung

Leitfragen	Hinweise
1. Womit ist die Präsentation verknüpft?	Einführung einer Projektarbeit Begrüßung von Auszubildenden
2. Was ist Ziel der Präsentation?	Interesse wecken, motivieren Informationen vermitteln Entscheidung vorbereiten
3. Welche Inhalte dienen dem Ziel?	Übersichten, Begriffe, Zusammenhänge Organisation und Abläufe
4. Wer ist/sind Zuhörer?	Vorkenntnisse, Interessen, Erwartungen, Bedürfnisse, Ziele
5. Wie lang ist die Präsentation?	15 Minuten, Vorgabe des Vorgesetzten

Leitfragen für die Feinplanung

Leitfragen	Hinweise
1. Wie das Thema formulieren?	Kurz und prägnant Soll neugierig machen Kann auch provozieren
2. Wie die Präsentation strukturieren?	Eröffnung -> Hauptteil -> Schluss Vergangenheit -> Gegenwart-> Zukunft Ist-Zustand-> Soll-Zustand-> Aktivität Altes -> Neues -> Gemeinsamkeiten/ Unterschiede
3. Welche Inhalte auswählen?	Zuhörerinteresse beachten Auf Wesentliches konzentrieren Zusammenhang von Ziel, Inhalt, Methode achten
4. Was und wie visualisieren?	Gliederung auf Flipchart Kernaussagen, Grafiken durch Projektion Zusammenfassung/Bilder evtl. Pinwand
5. In welcher Form vorbereiten?	Stichwortkonzept Wörtliche Formulierungen: erster und letzter Satz, Zitate

4.2 Aufbau einer Präsentation

Einleitung (ca. 15 %)
Begrüßung und namentliche Vorstellung
Beginnen Sie schwungvoll
Nehmen Sie Kontakt zum Publikum auf
Stellen Sie Ihr Thema in einem Satz vor (Inhalte / Ablauf)
konkrete Ziele der Präsentation

Hauptteil (ca. 75 %)
Vier Säulen der Verständlichkeit
* Einfachheit (in der sprachlichen Formulierung)
* Gliederung/Ordnung (im Aufbau des Textes)
* Kürze/Prägnanz (statt weitschweifiger Ausführlichkeit)
* Zusätzliche Stimulanz (anregende Stilmittel)

Rahmeninformation zur Präsentation
Stellen Sie Ihre Hauptargumente vor (Reihenfolge Ihrer Aussagen und Argumente beachten)
Bringen Sie Ihre persönlichen Meinungen/Erfahrungen zum Thema ein

Schlussteil (ca. 10 %)
Zusammenfassung
Setzen Sie einen deutlichen Schluss (Aufforderung zum Handeln, Weiterdenken, Diskussion, etc.)

4.3 Tipps zur Durchführung

Phasen	Tipps
Eröffnung Worum geht es?	Blickkontakt zuerst zu einem vertrauten Menschen aufnehmen oder zu jemanden, der freundlich aussieht (gibt Sicherheit), danach zu allen Teilnehmern (fühlen sich dadurch angesprochen) Zu Beginn laut und deutlich Thema, Anlass, Ziel nennen
Hauptteil Was bringt mir das?	Grobgliederung visualisieren (wirkt wie „roter Faden", ist Spickzettel, unterstützt strukturierte Informationsaufnahme, schafft Zeit zum „Durchatmen" Das zweitwichtigste Argument zuerst, das wichtigste Argument zum Schluss Frei sprechen (Stichworte als Gedächtnisstütze) Stimme gezielt einsetzen (Lautstärke, Sprechtempo, Stimmlage) Unbekannte Begriffe erklären Praktische Beispiele, eigene Erfahrungen Gestik kommen lassen (unterstützt den Redefluss) Blickkontakt zu Zuhörern (Reaktionen beobachten) Direkte Ansprache durch Sie-Formulierungen Bei Visualisierungen nicht „im Bild stehen" oder zum Bild sprechen Gegenstände nicht zum Spielen benutzen (Filzstifte)
Schluss Und jetzt?	Zusammenfassung kurz fassen Frage aus der Einleitung beantworten, wenn gestellt Wichtigste Aussage wiederholen und Appell formulieren, zum Handeln auffordern Zur Diskussion anregen

4.4 Die Präsentationsmedien

Die gängigen Medien, die sich mittlerweile fast in jeder Firma finden lassen sind Flipchart, Overheadprojektor, Metaplanwand/Pinwand und Ton- und Bildmedien (Video, Beamer).

Die Medien sind nur Hilfsmittel. Sie sind die Hauptperson! Nicht alle der genannten Medien werden Sie in der Präsentation verwenden können, da Sie ja für die Konzeption und Vorbereitung der Präsentation insgesamt nur 30 Minuten zur Verfügung haben.

Das Flipchart

Das Flipchart gehört zur Standardausrüstung, die bei Konferenzen und Seminaren gewöhnlich bereitgestellt wird. Der große Vorteil des Flipcharts liegt darin, dass Sie mit seiner Hilfe Ihre Präsentation vollständig oder zumindest in Teilen schon vorbereiten können. Ein weiterer wichtiger Vorteil ist, dass Sie auch ganz spontan Inhalte für alle sichtbar darstellen und entwickeln können. Auf alles, was bisher entwickelt wurde kann schnell zurückgegriffen werden, entweder durch einfaches Zurückblättern oder Sie hängen die Blätter sichtbar für alle auf.

Umgang mit dem Flipchart:
- Schweigen Sie, während Sie auf das Flipchart schreiben.
- Sprechen Sie zum Publikum, nicht zum Flipchart.
- Schreiben Sie mit speziellen Flipchart-Markern
- Vor allem sind Sie mit diesen Markern gezwungen, groß zu schreiben.
- Verwenden Sie Groß- und Kleinschreibung.
- Stellen Sie das Flipchart stets links oder rechts von sich.
- Arbeiten Sie mehrfarbig, (maximal drei Farben).
- Sieben Punkte pro Flipchart sind genug.
- Deuten Sie auf die Punkte, über die Sie sprechen.

Der Overheadprojektor

Der Overheadprojektor bietet Ihnen in erster Linie die Möglichkeit, Ihre Präsentation mit Anschauungsmaterial wie Grafiken, Bildern und Kernaussagen interessanter und verständlicher zu gestalten. Auch bei diesem Medium sollten einige Tipps beachtet werden, da ansonsten genau das Gegenteil eintreten kann: Langeweile und Ermüdung.

Umgang mit dem Overheadprojektor:

- Sprechen Sie immer zu den Teilnehmern und nie zur Leinwand oder dem Overheadprojektor.
- Die Leinwand muss für alle Teilnehmer gut sichtbar sein.
- Geben Sie nur Bildausschnitte frei, die augenblicklich von Bedeutung sind.
- Schalten Sie den Overheadprojektor aus, wenn Sie ihn im Moment nicht mehr benötigen.
- Vermeiden Sie zu viele Informationen auf einem Bild.
- Kontrollieren Sie gelegentlich das projizierte Bild. Der Projektorspiegel kann absinken, das Bild wird unscharf, usw.
- Wählen Sie eine Schriftgröße, die auch in der letzten Reihe gelesen werden kann.

Powerpoint-Folien

Heutzutage werden oft Powerpoint-Folien erstellt und mit Hilfe eines Beamers präsentiert. Wichtig ist auch hier, die Folien nicht zu überladen und nicht zu viele Farben zu verwenden.

Vorteil des Overheadprojektors ist die einfache Handhabung und er gehört auch zur Standardausrüstung.

Präsentation, Moderation und fachliche Führung von Marketingprojekten

Gestaltung von Folien:
- Sie sollten nicht mehr als 7 Punkte pro Folie aufführen. (die magische Zahl, die das Kurzzeitgedächtnis gerade noch verarbeiten kann).
- Verwenden Sie Groß- und Kleinschreibung, denn daran sind unsere Augen gewöhnt.
- Beschreiben Sie eine Folie, am besten im Querformat. Dadurch wird sie lesefreundlicher.
- Benutzen Sie maximal 3 Farben und möglichst sinngebend, z.B. Überschrift, Text, Besonderheiten. Behalten Sie Ihr Schema bei, so signalisieren die Farben Zusammenhang.
- Ausdrucken von farbigen Bildern macht es anschaulicher.

Der Vollständigkeit halber haben wir im folgenden auch einige Hilfsmittel erörtert, die für Ihre Präsentation in dieser Prüfung wohl nicht in Frage kommen werden. Gleichwohl sind sie wichtig und üblich.

Die Pin- oder Metaplanwand
Für Gruppen bis zu 30 Personen liegt der große Vorteil der Pinwand darin, dass Sie Ihr Publikum interaktiv einbeziehen können. In Verbindung mit Moderationskarten (farbige, eckige oder runde Karten) lassen sich sehr schön Übersichten, Gliederungen, Schemata und Prozesse visualisieren und entwickeln. Besonderer Einsatz bei Brainstorming.

Umgang mit der Pinwand:
- Schweigen Sie, während Sie anpinnen.
- Verwenden Sie Groß- und Kleinschreibung.
- Vermitteln Sie nur einen zentralen Gedanken pro Karte (ein Stichwort pro Karte).
- Benutzen Sie Farben und Formen (Karten) als Bedeutungsträger (logische Farben).

- Stellen Sie Beziehungen her durch die Verwendung von Pfeilen oder Symbolen.
- Markieren Sie die Elementpositionen mit Bleistift, wenn Sie Bilder/Strukturen aus vorgefertigten Elementen entwickeln. Dadurch behalten Sie den Überblick.

Die Ton-/Bildmedien und Beamer
Wenn wir von Ton-/Bildmedien sprechen, meinen wir in erster Linie den Videofilm und den Diavortrag. Beide Medien können sehr effektvoll als Hilfsmittel in einer Gesamtpräsentation eingesetzt werden, um Interesse zu wecken und die Präsentation insgesamt aufzulockern.
Gleiches soll mit einer Beamerpräsentation erreicht werden.
Hier ist eine sorgfältige Vorbereitung sehr wichtig, um einen reibungslosen Ablauf sicherzustellen.

Umgang mit Ton-/Bildmedien und Beamer:
- Machen Sie sich mit den Funktionen des einzusetzenden Mediums vertraut oder sorgen Sie für einen fachkundigen Bediener.
- Testen Sie Ihr Medium vor der Präsentation. Sichern Sie die Einsatzfähigkeit ab. Setzen Sie nichts ein, was Sie selbst nicht kennen.
- Stellen Sie sicher, dass Ihr Publikum freie Sicht auf den Bildschirm oder die Leinwand hat.
- Setzen Sie diese Art von Medien dosiert ein.
- Benutzen Sie einen Videofilm möglichst am Ende Ihrer Präsentation. Es ist schwer, als Präsentierender gegen einen Videofilm zu konkurrieren.

4.5 Tipps für eine erfolgreiche Präsentation

Durchführung der Präsentation

- Bleiben Sie natürlich und setzen Sie Ihren gesunden Menschenverstand ein: aufrichtig, einfühlsam und mit innerer Überzeugung. **Bleiben Sie Sie selbst!**
- Besonders wichtige Aussagen hervorheben („Dieser Punkt ist besonders wichtig...", Von entscheidender Bedeutung ist ...")
- Eine zuhörergerechte Sprachebene wählen
- Ihre Ausführungen an vermutetes/bekanntes Wissen und vermutete/bekannte Erfahrungen der Zuhörer anknüpfen
- Die Kernaussagen verankern durch anschauliche Beispiele, Visualisierung und Wiederholung
- Zusammenfassungen nach längeren Ausführungen und nach wesentlichen Aussagen machen.

Fragen von Zuhörern

- Vorher überlegen, welche Fragen gestellt werden könnten.
- Grundsätzlich auf alle Fragen eingehen.
- Niemand erwartet, dass Sie alles wissen. Zwei Möglichkeiten:
  - Geben Sie die Frage ans Publikum zurück *(dies gilt nicht für die Prüfung!)*
  - Bekennen Sie, dass Sie die Frage nicht wissen, bieten Sie aber eine spätere Klärung an.
- Stellen Sie sicher, dass alle die Frage verstanden haben.
- Hören Sie das Wesentliche aus der Frage heraus und antworten Sie kurz und präzise.
- Vermeiden Sie Streitgespräche, selbst wenn Sie sicher als Gewinner hervorgehen würden.

Umgang mit Lampenfieber
- Stellen Sie sich Ihren Erfolg vor
- Verstehen Sie die Angst als Energie, die Sie in eine aufbauende Kraft umwandeln können.
- 5-mal tief in den Bauch atmen.
- Entspannungsübungen.
- Positiv denken. Lächeln Sie.
- Gut vorbereitet sein.
- Üben, Üben, Üben
- Auch Profis haben „Schmetterlinge im Bauch", nur fliegen Sie bei ihnen in Formation.

Konzentrationsformel
Ich atme ruhig ein und aus,
gehe langsam und mit sicherem Schritt nach vorn,
wähle die optimale Körperhaltung,
denke an den Erfolg meines Vortrags,
schaue in das freundliche Publikum,
entspanne mich.
Ich bin voll konzentriert!
Ich freue mich auf den Erfolg meines Vortrags!

4.6 Beispielpräsentation: „Businessplan für Existenzgründer"

In der Präsentation müssen Sie einen praktischen Fall aus Ihrer Marketing-praxis darstellen. Das Thema können Sie aus einem der vier Bereiche
- Projekt- und Produktmanagement im Marketing
- Anwendung der Marketinginstrumente
- Marktforschung und Marketingstatistik oder
- Rechtliche Aspekte im Marketing wählen.

15 Minuten soll die Präsentation dauern. 30 Minuten haben Sie für die Vorbereitung Zeit. Und dann haben Sie noch einmal in 15 Minuten in einem Fachgespräch nachzuweisen, daß Sie bei der Lösung von Marketingaufgaben sachgerecht beraten können.

Es ist hilfreich, wenn Sie sich überlegen, wen Sie mit der Präsentation ansprechen wollen. Im folgenden Beispiel – Businessplan für Existenzgründer - könnten dies potentielle Existenzgründer sein.

Einleitung: Aufmerksamkeit wecken, z. B. mit einer Behauptung, einem aktuellen Aufhänger, einem humorvollen Einstieg, einem persönlichen Erlebnis, einer kurzen Anekdote oder einem griffigen Zitat. Zudem sollte auch der Problembereich dargestellt werden.

Eine typische Situation mit Garantie zum Misserfolg:

„Ich bin sehr gern Verkäufer, aber lassen Sie mich mit den Zahlen zufrieden."

Geprüfter Marketing-Fachkaufmann/frau: Präsentation zur mündlichen Prüfung
Referent: Volker Wedde

Was könnte ich sagen?

„In der Beratung von Existenzgründern höre ich immer wieder: ´Ich verkaufe sehr gern, aber mit Zahlen habe ich es nicht so´. Jungunternehmer bringen Begeisterung und Einsatzbereitschaft mit. Oft fehlt es aber an der sorgfältigen Planung des Vorhabens - der Misserfolg ist dann eigentlich schon vorprogrammiert.

Hiermit begrüße ich Sie sehr herzlich zum Workshop „Existenzgründung".

In den nächsten 15 Minuten möchte Ihnen aufzeigen, daß Sie als Existenzgründer um einen Businessplan nicht herumkommen, damit Sie nicht schon eine Bruchlandung erleiden, bevor es richtig losgeht. Kurz zu meiner Person: ....."

Hauptteil:

Was könnte ich sagen?

„Der Businessplan ist vor allem für Existenzgründer ein Muss. Er ist das entscheidende Strategie-Instrument, um die eigenen Einschätzungen zu strukturieren und kritisch zu prüfen. Er ist aber auch das Argumentationspapier gegenüber Kapitalgebern, Kunden und Vertriebspartnern….."

„Was glauben Sie: Wie viele Existenzgründer laufen überstürzt und kopflos zur Bank und möchten ohne Vorbereitung eine Gründungsfinanzierung haben? Nach Aussage eines Bankers sind über 50 Prozent der Fälle schon beim Hereinkommen abgelehnt. Warum? In seltenen Fällen ist es die Geschäftsidee – fast immer mangelt es an der richtigen Vorbereitung. Ohne überzeugendes Konzept gibt´s kein Geld."

„Die Fehleinschätzung des Existenzgründers von Markt, Kosten und Kapitalbedarf ist vor negativen Bonitätsmerkmalen und mangelnder Qualifikation der Hauptgrund für die Ablehnung der Banken. Fast alle Fälle hätten mit einer richtigen Vorbereitung verhindert werden können – ob es nun die Planung der Bonität ist, die überzeugende Darstellung der eigenen Qualifikationen oder eine genaue Marktanalyse….."

„Sie sollten bei der Erstellung des Existenzgründerpiloten nachvollziehbar und logisch planen, den Willen zum Erfolg zeigen, Risiken bei der Planung bedenken und immer bei der Wahrheit bleiben. Denken Sie daran: Der Businessplan überzeugt nicht nur die Geldgeber. Er gibt auch Ihnen Klarheit über die Planungsschritte und die Möglichkeit, Denkfehler zu korrigieren. Er kann Sie vor einer Fehlentscheidung retten, bei dem Sie Ihr Vermögen aufs Spiel setzen. Ich möchte Ihnen nun ein Überblick über die Inhalte eines Businessplans geben…."

Was gehört in einen Businessplan?

1. Zusammenfassung
2. Gründerperson (Qualifikation, Kenntnisse, Stärken, Defizite)
3. Beschreibung des Produkt / der Dienstleistung
4. Marktübersicht (Kunden, Konkurrenz, Standort)
5. Marketing (Angebot, Preis, Vertrieb, Werbung)
6. Organisation (Rechtsform, Mitarbeiter)
7. Chancen und Risiken
8. Finanzierung (Investitionsplan, Finanzierungsplan, Liquiditätsplan, Ertragsvorschau / Rentabilitätsrechnung)
9. Weitere Unterlagen (Lebenslauf, Marktanalysen, Branchenkennzahlen, Sicherheiten, etc.)

Geprüfter Marketing-Fachkaufmann/frau: Präsentation zur mündlichen Prüfung
Referent: Volker Wedde

Was könnte ich sagen?

„Der Überblick zeigt Ihnen die einzelnen Planungsschritte und Inhalte eines Businessplans. Bei der Zusammenfassung sollten Sie einen kurzen Abriss über Ihr Konzept geben. Hier einige Beispiele: den Namen Unternehmens und des Gründers, was das Besondere an Ihrer Idee ist, welche Erfahrungen und Kenntnisse Sie mitbringen, welchen Gesamtkapitalbedarf Sie benötigen, welchen Umsatz Sie planen ... Bei der Beschreiung der Gründerperson stehen folgende Inhalte im Mittelpunkt ..."

Die wichtigsten öffentlichen Kreditprogramme:

KfW-Mittelstandsbank (bundesweit)

• Mikrodarlehen:	max. 10.000 €
• Startgeld:	max. 25.000 €
• ERP-Kapital für Gründung :	max. 500.000 €
• Unternehmerkredit der KfW:	max. 5 Mio. €

LfA Förderbank Bayern (bayernweit)

• Startkredit für Gründung:	max. 1,5 Mio. €

Bei fehlenden Sicherheiten:

• Haftungsfreistellung
• Bürgschaft der KGG Handel

Geprüfter Marketing-Fachkaufmann/frau: Präsentation zur mündlichen Prüfung
Referent: Volker Wedde

Was könnte ich sagen?

„Oft überschätzen Existenzgründer ihre finanziellen Möglichkeiten oder erwarten z. B. viel zu hohe Umsätze. Dies ist der häufigste Fehler, der gemacht wird. Setzen Sie bei der Erstellung Ihres Businessplans einen Schwerpunkt auf die sinnvolle und realistische Finanzierung Ihres Vorhabens. Dies überzeugt auch Ihre Geldgeber...
Gerade für Existenzgründer bieten sich einige Förderprogramme der LfA-Förderbank Bayern und der KfW Mittelstandsbank an. Diese sind überblicksartig.....“

Richtig!

Der Businessplan

• soll Ihnen Sicherheit und Orientierung geben.

• muss durchdacht sein.

• muss auch für Dritte klar und deutlich sein.

• sollte nach der Gründung fortgeführt werden.

Geprüfter Marketing-Fachkaufmann/frau: Präsentation zur mündlichen Prüfung
Referent: Volker Wedde

Falsch!

Diese Fehler sollten vermieden werden:

• Mangelnde persönliche Qualifikation

• Fehlende Kenntnisse über Markt und Wettbewerb

• Kein Überblick über Finanzbedarf und Eigenkapital

• Unklarer und unverständlicher Businessplan

Geprüfter Marketing-Fachkaufmann/frau: Präsentation zur mündlichen Prüfung
Referent: Volker Wedde

Was könnte ich sagen?

„Abschließend möchte ich Ihnen noch einige Handlungsempfehlungen mit auf den Weg geben und einige Punkte, die Sie auf jeden Fall vermeiden sollten ....“

168

Schluss:

„Wer hohe Türme bauen will, muss lange beim Fundament verweilen.“

(Anton Bruckner)

Geprüfter Marketing-Fachkaufmann/frau: Präsentation zur mündlichen Prüfung
Referent: Volker Wedde

Was könnte ich sagen?

„Ich hoffe, ich konnte Sie davon überzeugen, bei der Planung Ihrer Existenzgründung mit Bedacht und Vorsicht vorzugehen. Deshalb: Erstellen Sie (auch wenn es viel Arbeit macht) einen Businessplan - für sich und für andere: Es ist das entscheidende Instrument, um Geldgeber zu überzeugen und um sich vor überschnellen Handlungen und damit vor einem Misserfolg zu schützen. Halten Sie sich an die Planungsschritte und legen Sie einen Schwerpunkt bei der Finanzierung....

Denn schon der österreichische Komponist Anton Bruckner wusste: Wer hohe Türme bauen will, muss lange beim Fundament verweilen.“

5 VERORDNUNG ÜBER DIE PRÜFUNG ZUM ANER-
KANNTEN ABSCHLUSS „GEPRÜFTER FACHKAUF-
MANN FÜR MARKETING/GEPRÜFTE FACHKAUFFRAU
FÜR MARKETING"

Auf Grund des § 53 Abs. 1 in Verbindung mit Abs. 2 des Berufsbildungsgesetzes vom 23. März 2005 (BGBl. I S. 931) und in Verbindung mit § 1 des
Zuständigkeitsanpassungsgesetzes vom 16. August 2002 (BGBl. I S. 3165)
und dem Organisationserlass vom 22. November 2005 (BGBl. I S. 3197)
verordnet das Bundesministerium für Bildung und Forschung nach Anhö-
rung des Hauptausschusses des Bundesinstituts für Berufsbildung im Einvernehmen mit dem Bundesministerium für Wirtschaft und Technologie:

§ 1 Ziel der Prüfung und Bezeichnung des Abschlusses
(1) Die zuständige Stelle kann berufliche Fortbildungsprüfungen zum Geprüften Fachkaufmann für Marketing/zur Geprüften Fachkauffrau für Marketing nach den §§ 2 bis 8 durchführen, in denen die auf einen beruflichen
Aufstieg abzielende Erweiterung der beruflichen Handlungsfähigkeit nachzuweisen ist.

(2) Ziel der Prüfung ist der Nachweis der notwendigen Kompetenzen, um
für das Unternehmen Veränderungen und Chancen auf nationalen und
internationalen Märkten eigenständig erkennen und Marketingmaßnahmen
verantwortlich planen, beurteilen und umsetzen zu können. Dazu zählen:
1. Marktinformationen beschaffen, bewerten, prognostizieren, präsentieren und moderieren,
2. Planen von Strategien und Projekten im nationalen und internationalen
Marketing,
3. Projekt- und Produktmanagement: Organisieren, Koordinieren, Moderieren und Umsetzen von Marketingstrategien, -projekten und -aktionen
im Unternehmen, einschließlich des fachlichen Führens,

4. Controlling und Qualitätssicherung im strategischen und operativen Marketing.

(3) Die erfolgreich abgelegte Prüfung führt zum anerkannten Abschluss "Geprüfter Fachkaufmann für Marketing/Geprüfte Fachkauffrau für Marketing".

§ 2 Zulassungsvoraussetzungen

(1) Zur Prüfung ist zuzulassen, wer

1. eine mit Erfolg abgelegte Abschlussprüfung in einem anerkannten dreijährigen kaufmännischen oder verwaltenden Ausbildungsberuf und danach eine mindestens zweijährige Berufspraxis oder

2. eine mit Erfolg abgelegte Abschlussprüfung in einem anderen anerkannten Ausbildungsberuf und danach eine mindestens dreijährige Berufspraxis oder

3. eine mindestens fünfjährige Berufspraxis nachweist.

(2) Die Berufspraxis gemäß Absatz 1 muss in absatzwirtschaftlichen Tätigkeiten erworben worden sein.

(3) Abweichend von Absatz 1 kann zur Prüfung auch zugelassen werden, wer durch Vorlage von Zeugnissen oder auf andere Weise glaubhaft macht, Fertigkeiten, Kenntnisse und Fähigkeiten (berufliche Handlungsfähigkeit) erworben zu haben, die die Zulassung zur Prüfung rechtfertigen

§ 3 Gliederung und Durchführung der Prüfung

(1) Die Prüfung gliedert sich in folgende Handlungsbereiche:

1. Projekt- und Produktmanagement im Marketing,

2. Anwendung der Marketinginstrumente,

3. Marktforschung und Marketingstatistik,

4. Rechtliche Aspekte im Marketing,

Verordnung über die Prüfung zum anerkannten Abschluss Geprüfter Fachkaufmann für Marketing/Geprüfte Fachkauffrau für Marketing

5. Präsentation, Moderation und fachliche Führung von Marketingprojekten.

(2) In den Handlungsbereichen nach Absatz 1 Nr. 1 bis 4 ist schriftlich anhand mehrerer Situationsaufgaben zu prüfen. Die Handlungsbereiche gemäß Absatz 1 Nr. 1 und 2 werden zusammen in Form einer Fallstudie in einer Gesamtdauer von in der Regel 270 Minuten geprüft. Die Prüfung im Handlungsbereich gemäß Absatz 1 Nr. 3 soll in der Regel 120 Minuten, die im Handlungsbereich gemäß Absatz 1 Nr. 4 in der Regel 60 Minuten betragen. Die Gesamtprüfungsdauer in den Handlungsbereichen gemäß Absatz 1 Nr. 1 bis 4 soll 540 Minuten nicht überschreiten.

(3) Der Handlungsbereich nach Absatz 1 Nr. 5 ist mündlich zu prüfen. Die mündliche Prüfung ist erst dann durchzuführen, wenn in allen schriftlichen Prüfungsleistungen gemäß Absatz 2 mindestens ausreichende Leistungen erbracht wurden. Die mündliche Prüfung gliedert sich in eine Präsentation und ein Fachgespräch und soll in der Regel 30 Minuten dauern.

(4) In der Präsentation soll nachgewiesen werden, dass eine typische Problemstellung im betrieblichen Marketingprozess selbstständig erfasst, dargestellt, beurteilt und gelöst werden kann. Die Themenstellung kann aus den in Absatz 1 Nr. 1 bis 4 genannten Handlungsbereichen gewählt werden. Die Dauer der Präsentation soll in der Regel 15 Minuten betragen.

(5) Die Entwicklung der Präsentation erfolgt anhand einer vorgegebenen Situationsaufgabe. Dafür sind dem Prüfungsteilnehmer oder der Prüfungsteilnehmerin 30 Minuten Vorbereitungszeit einzuräumen.

(6) Ausgehend von der Präsentation soll in einem anschließenden Fachgespräch nachgewiesen werden, bei der Lösung von Marketingaufgaben sachgerecht beraten zu können. In diesem Rahmen soll auch nachgewie-

sen werden, mit Gesprächs- und Beratungspartnern angemessen sprachlich kommunizieren zu können.

(7) Wurde in nicht mehr als einer der drei schriftlichen Prüfungsleistungen nach den Absätzen 1 und 2 eine mangelhafte Prüfungsleistung erbracht, ist darin eine mündliche Ergänzungsprüfung anzubieten. Die Ergänzungsprüfung soll in der Regel nicht länger als 20 Minuten dauern. Die Bewertung der schriftlichen Prüfungsleistung und der mündlichen Ergänzungsprüfung werden zu einer Note zusammengefasst. Dabei wird die Bewertung der schriftlichen Prüfungsleistung doppelt gewichtet.

§ 4 Inhalt der Prüfung

(1) Im Handlungsbereich "Projekt- und Produktmanagement im Marketing" soll die Fähigkeit nachgewiesen werden, unter Beachtung der jeweiligen ökonomischen, rechtlichen und gesellschaftlichen Rahmenbedingungen der Zielmärkte Strategien identifizieren und formulieren sowie durch geeignete Maßnahmen implementieren zu können sowie Konzepte und entscheidungsorientierte Handlungsalternativen entwickeln und beurteilen zu können. Die Fähigkeit der steuernden Kontrolle des Gesamtprozesses ist ebenfalls nachzuweisen. In diesem Rahmen können folgende Qualifikationsinhalte geprüft werden:

   1. strategisches und operatives Marketing,

   2. Marketingorganisation,

   3. Marketingkoordination und -steuerung,

   4. Controlling und Qualitätssicherung im Marketing,

   5. spezielle Marketingformen.

(2) Im Handlungsbereich "Anwendung der Marketinginstrumente" soll die Fähigkeit nachgewiesen werden, die Instrumente des operativen Marketing situationsgerecht anwenden zu können. In diesem Rahmen können folgende Qualifikationsinhalte geprüft werden:

Verordnung über die Prüfung zum anerkannten Abschluss Geprüfter
Fachkaufmann für Marketing/Geprüfte Fachkauffrau für Marketing

1. Produktpolitik,
2. Kontrahierungspolitik,
3. Distributionspolitik,
4. Kommunikationspolitik,
5. Wechselwirkung im Marketing-Mix.

(3) Im Handlungsbereich "Marktforschung und Marketingstatistik" soll die Fähigkeit nachgewiesen werden, moderne Methoden der Marktforschung und Marketingstatistik für unternehmerische Entscheidungen beurteilen, anwenden und nutzen zu können. In diesem Rahmen können folgende Qualifikationsinhalte geprüft werden:
1.Marktforschung als Marketingfunktion anwenden,
2. Sekundärforschung (desk research),
3. Primärforschung (field research),
4. Marketingstatistik,
5. Marktforschungsbereiche integrieren,
6. Marktforschungsprojekte.

(4) Im Handlungsbereich "Rechtliche Aspekte im Marketing" soll die Fähigkeit nachgewiesen werden, die Bedeutung des Rechts im Marketingbereich erkennen und die für die Planung und Durchführung von Marketingmaßnahmen relevanten Rechtsbestimmungen anwenden zu können. In diesem Rahmen können folgende Qualifikationsinhalte geprüft werden:
1. das bürgerliche Recht in der Marketingpraxis,
2. das Wettbewerbsrecht und der gewerbliche Rechtsschutz,
3. das Handels- und Gesellschaftsrecht,
4. das Arbeits- und Betriebsverfassungsrecht,
5. rechtliche Aspekte bei internationalen Wirtschaftsbeziehungen und bei der Nutzung des Internets.

(5) Im Handlungsbereich "Präsentation, Moderation und fachliche Führung von Marketingprojekten" ist nachzuweisen, das Management im Marketing

entscheidungsorientiert beraten zu können. Dabei ist nachzuweisen, Marketingstrategien im Unternehmen erfolgreich präsentieren und moderieren sowie in diesem Zusammenhang in Marketingprojekten Mitarbeiter zielorientiert einsetzen zu können. In diesem Rahmen können folgende Qualifikationsinhalte geprüft werden:

1. entscheidungsorientierte Präsentation einer Marketingstrategie und Beratung des Managements,

2. zielorientierte Moderation und Kommunikation bei der Umsetzung von Marketingstrategien, einschließlich im internationalen Marketing,

3. Führungsgrundsätze bei der fachlichen Leitung eines Marketingprojektes, im Besonderen im Konfliktmanagement zielorientiert anwenden.

§ 5 Anrechnung anderer Prüfungsleistungen

Der Prüfungsteilnehmer oder die Prüfungsteilnehmerin kann auf Antrag von der Ablegung einzelner schriftlicher Prüfungsleistungen befreit werden, wenn in den letzten fünf Jahren vor einer zuständigen Stelle, einer öffentlichen oder staatlich anerkannten Bildungseinrichtung oder vor einem staatlichen Prüfungsausschuss eine Prüfung mit Erfolg abgelegt wurde, die den Anforderungen der entsprechenden Prüfungsinhalte nach dieser Verordnung entspricht. Eine Freistellung von der mündlichen Prüfung nach § 3 Abs. 3 bis 6 ist nicht zulässig.

§ 6 Bewerten der Prüfungsleistungen und Bestehen der Prüfung

(1) Die Prüfung ist bestanden, wenn in den drei schriftlichen und in der mündlichen Prüfungsleistung gemäß § 3 Abs. 2 und 3 jeweils mindestens ausreichende Leistungen erbracht wurden. Die Leistungen sind gesondert nach Punkten zu bewerten.

(2) Über das Bestehen der Prüfung ist ein Zeugnis gemäß der Anlage 1 und der Anlage 2 auszustellen. Im Falle der Freistellung gemäß § 5 sind Ort und Datum der anderweitig abgelegten Prüfung sowie die Bezeichnung des Prüfungsgremiums anzugeben.

Verordnung über die Prüfung zum anerkannten Abschluss Geprüfter Fachkaufmann für Marketing/Geprüfte Fachkauffrau für Marketing

§ 7 Wiederholen der Prüfung

(1) Eine Prüfung, die nicht bestanden ist, kann zweimal wiederholt werden.

(2) Mit dem Antrag auf Wiederholung der Prüfung wird der Prüfungsteilnehmer oder die Prüfungsteilnehmerin von einzelnen Prüfungsleistungen befreit, wenn die dort in einer vorangegangenen Prüfung erbrachten Leistungen mindestens ausreichend sind und der Prüfungsteilnehmer oder die Prüfungsteilnehmerin sich innerhalb von zwei Jahren, gerechnet vom Tage der nicht bestandenen Prüfung an, zur Wiederholungsprüfung angemeldet hat. Bestandene Prüfungsleistungen können auf Antrag einmal wiederholt werden. In diesem Fall gilt das Ergebnis der letzten Prüfung.

§ 8 Übergangsvorschriften

(1) Begonnene Prüfungsverfahren zum Geprüften Fachkaufmann für Marketing/zur Geprüften Fachkauffrau für Marketing können bis zum 31. Dezember 2009 nach den bisherigen Vorschriften zu Ende geführt werden.

(2) Auf Antrag des Prüfungsteilnehmers oder der Prüfungsteilnehmerin kann die zuständige Stelle die Wiederholungsprüfung auch gemäß dieser Verordnung durchführen; § 7 Abs. 2 findet in diesem Fall keine Anwendung. Im Übrigen kann bei der Anmeldung zur Prüfung bis zum 31. Dezember 2008 die Anwendung der bisherigen Vorschriften beantragt werden.

§ 9 Inkrafttreten

Diese Verordnung tritt am 1. Mai 2006 in Kraft.

Anlage 1 (zu § 6 Abs. 2)
Muster

Fundstelle des Originaltextes: BGBl. I 2006, 591

....

(Bezeichnung der zuständigen Stelle)

Z e u g n i s

über die Prüfung zum anerkannten Abschluss Geprüfter Fachkaufmann für Marketing/Geprüfte Fachkauffrau für Marketing

Herr/Frau ....

geboren am .... in ....

hat am .... die Prüfung zum anerkannten Abschluss

Geprüfter Fachkaufmann für Marketing/ Geprüfte Fachkauffrau für Marketing

gemäß der Verordnung über die Prüfung zum anerkannten Abschluss Geprüfter Fachkaufmann für Marketing/Geprüfte Fachkauffrau für Marketing vom 28. März 2006 (BGBl. I S. 588)

bestanden.

Datum ....

Unterschrift(en) ....

(Siegel der zuständigen Stelle)

Verordnung über die Prüfung zum anerkannten Abschluss Geprüfter Fachkaufmann für Marketing/Geprüfte Fachkauffrau für Marketing

Anlage 2 (zu § 6 Abs. 2)
Muster

Fundstelle des Originaltextes: BGBl. I 2006, 592

....

Z e u g n i s

über die Prüfung zum anerkannten Abschluss
Geprüfter Fachkaufmann für Marketing/Geprüfte Fachkauffrau für Marketing

Herr/Frau ....

geboren am .... in ....

hat am .... die Prüfung zum anerkannten Abschluss

Geprüfter Fachkaufmann für Marketing/ Geprüfte Fachkauffrau für Marketing

gemäß der Verordnung über die Prüfung zum anerkannten Abschluss Geprüfter Fachkaufmann für Marketing/Geprüfte Fachkauffrau für Marketing
vom 28. März 2006 (BGBl. I S. 588) mit folgenden Ergebnissen bestanden:

   1. Fallstudie aus den Handlungsbereichen   ....
   - Projekt- und Produktmanagement im Marketing
   - Anwendung der Marketinginstrumente
   2. Marktforschung und Marketingstatistik   ....
   3. Rechtliche Aspekte im Marketing   ....
   4. Präsentation, Moderation und fachliche   ....
   Führung von Marketingprojekten

(Im Fall des § 5: "Der Prüfungsteilnehmer/Die Prüfungsteilnehmerin wurde

gemäß § 5 im Hinblick auf die am .... in ....

vor .... abgelegte Prüfung in dem Handlungsbereich

.... freigestellt.")

Datum ....

Unterschrift(en) ....

(Siegel der zuständigen Stelle)

1) Den Bewertungen liegt folgender Punkteschlüssel zu Grunde: ....

6 INDEX

Fachbücher aus dem weConsult – Verlag
Für Praktiker von Praktikern geschrieben

Collier, Wedde
Geprüfter Handelsfachwirt werden

9. Auflage 2008, 348 Seiten,
ISBN 978-3-00-025375- 1
23,80

Collier, Wedde
Formelsammlung für Handelsfachwirte
und andere IHK-Fortbildungsprüfungen

2. Auflage 2008, 74 Seiten
ISBN 978-3-00-025773-5
9,80

Erhältlich über jede Buchhandlung oder direkt beim
weConsult - Verlag, Bibrastr. 3, 97070 Würzburg
Tel. 0931/355460, Fax 0931/17127
lbe-unterfranken@lbe.de